대원불교
학술총서

20

대원불교
학술총서

20

까르마

KARMA

. . .

업보윤회사상의
기원과 전개

. . .

요하네스 브롱코스트 지음
최경아 옮김

. . .

운주사

발간사

오늘날 인류 사회는 4차 산업혁명을 통해 완전히 새로운 세상을 맞이하고 있습니다. 전통적인 인간관과 세계관이 크게 흔들리면서, 종교계에도 새로운 변혁이 불가피하게 되었습니다. 이런 상황에서 대한불교진흥원은 다음과 같은 취지로 대원불교총서를 발간하려고 합니다.

첫째로, 현대 과학의 발전을 토대로 불교를 현대적으로 재해석할 필요가 있습니다. 불교는 어느 종교보다도 과학과 가장 잘 조화될 수 있는 종교입니다. 이런 평가에 걸맞게 불교를 현대적 용어로 새롭게 이해할 수 있도록 하려고 합니다.

둘째로, 현대 생활에 맞게 불교를 이해할 필요가 있습니다. 불교가 형성되던 시대 상황과 오늘날의 상황은 너무나 많이 변했습니다. 이런 변화된 상황에서 부처님의 가르침을 제대로 이해할 수 있도록 하려고 합니다.

셋째로, 불교의 발전과정을 종합적으로 이해할 필요가 있습니다. 북방불교, 남방불교, 티베트불교, 현대 서구불교 등은 같은 뿌리에서 다른 꽃들을 피웠습니다. 세계화 시대에 부응하여 이들 발전을 한데 묶어 불교에 대한 총체적 이해가 가능하도록 하려고 합니다.

대원불교총서는 대한불교진흥원의 장기 프로젝트의 하나로서 두 종류로 출간될 예정입니다. 하나는 대원불교학술총서이고 다른 하나는 대원불교문화총서입니다. 학술총서는 학술성과 대중성 양 측면을

모두 갖추려고 하며, 문화총서는 젊은 세대의 관심과 감각에 맞추려고
합니다.

　본 총서 발간이 한국불교 중흥에 조금이나마 기여할 수 있기를
바랍니다.

불기 2568년(서기 2024년) 10월

(재)대한불교진흥원

편집자 서문

본 총서(아시아의 정신세계)에 대해서

하와이대학교 출판부는 오랫동안 아시아 연구 분야에서 주요 학술서의 출판에 기여해 온 것으로 주목받아 왔다. 이 '아시아의 정신세계' 총서도 그와 궤를 같이한다. 교세와 상관없이 세계 종교의 상당수는 아시아에 기원을 두고 있으며, 세계 인구의 삼분의 일에 해당하는 사람들의 삶에 지속적으로 많은 영향을 끼치고 있다. 이제는 그 범위, 영역 및 영향이라는 측면에서도 전 지구적이라고 할 수 있으며, 그 풍부하고 다양한 자산으로 21세기 시민 모두에게 다가가고 있다.

　종교는 모든 문화의 중심에 있다. 문화의 구성원들은 분명 기후와 지리의 영향을 받을 뿐만 아니라 물품의 생산·분배를 위해 개발된 경제 활동의 형태에 의해서도 영향을 받는다. 왜 아프리카의 조각가는 나무를 재료로 쓰고, 르네상스기 이탈리아의 조각가는 대리석을 썼을까를 이해하기 위해서는 지리에 대한 최소한의 지식만 있으면 된다. 그러나―특히 우리 자신의― 문화를 이해하기 위해서는 지리나 경제문제로는 충분하지 않다. 대리석은 중국에서도 발견되지만 중국 조각가는 그것으로 보살상을 만들었지 피에타(pietà)를 조각하지 않았다.

　마찬가지로 모스크·시나고그·성당·스투파 그리고 탑은 똑같이 다 아름다울지라도 다른 방식으로 아름다운 것이어서 그 차이를 단지 사용된 재료에 근거해 설명할 수는 없다. 아름다움이나 혹은 경외심을 갖게 하고 심취하게 만드는 힘은 주로 그 건축물에 표현되어 있는 세계를 보는 종교적 관점—그리고 그 세계에서의 인간의 위치—에 있다. 한 문화의 정신적 차원은 예술과 건축물뿐만 아니라 음악·신화·시·제식·관습 그리고 사회적 행동 양식에도 크게 반영된다. 따라서 다른 문화권 사람들이 왜 그리고 어떻게 자기들 삶의 방식으로 살아가는가를 이해하고 싶다면 그들이 고수하는 종교적 신념과 관습을 이해해야 한다.

무엇보다 '다름'에 대한 이해는 사람들을 너그럽게 만든다. 이는 분명 좋은 일이다. 오늘날 세상의 많은 아픔과 고통은 다르게 보고 생각하며 행동하는 이들에 대한 두려움과 증오, 즉 불관용에 기인한다. 통신, 생산 및 교통에서의 기술적 변화가 세상을 가깝게 만드는 만큼 점점 더 많은 사람들이 국내외에서 온갖 형태의 인간의 다양성이라는 현실과 마주해야 한다. 단지 차이에 대한 관용을 넘어 그에 대해 공감하고 즐겨야 할 필요성이 증대되고 있는 것이다. 사실 살 만한 세상을 만드는 데 관용만으로는 한계가 있다. 관용이 있다고 해서 무관용에 수반되는 악이 줄어드는 것이 아니기 때문이다. 관용은 수동적이기 때문에 쉬울 수도 있다. 단순히 당신에게 무관심한 것만으로도, 무엇을 말하든 누구랑 어울리든 당신이 원하는 대로 믿고 예배할 권리를 충분히 존중해 줄 수 있다. 당신은 물론 말할 권리가 있지만, 그렇다고 당신 말을 억지로 듣게 할 권리까지 있는 것은 아니다.

선진국에 살거나 개발도상국의 부유층에 속하는 사람들 대부분은 관용이 더 필요하다. 인류의 삼분의 일을 괴롭히는 빈곤, 질병 및 지나친 불평등을 무시한다는 것은 오늘날 전 세계적으로 횡행하는 폭력의 원인이 되는 비참한 상황을 더욱 악화시킬 따름이다. 그 폭력은 좀 더 운 좋은 사람들이 적극적으로 나서서 덜 운 좋은 사람들의 곤경을 수용하고, 보다 공정한 세상을 만들고 유지하려고 결의할 때 비로소 멈출 것이다. 신앙과 관습에서 중대한 차이가 있더라도 이 결의는 우리 모두가 인류 공동체라는 완전한 공감대를 가질 것을 요청한다.

물론 이러한 공감대는 모든 신념과 관행을 자신의 신앙 안에서만 허용하는 식으로 되어서는 안 된다. 예를 들어 성직자의 결혼, 여성 안수, 동성애자의 동등한 권리 인정 그리고 여성의 완전한 성적 결정권 등의 사안에 대해 교회가 변화해야 한다고 생각하는 천주교인이 점차 많아지고 있다. 그들은 자신이 믿는 종교의 교리가 이러한 변화를 가져오고 정당화할 수 있는 개념적 자원을 이미 가지고 있다고 믿는다. 마찬가지로 우리는-많은 무슬림 여성들이 믿고 있듯이- 일부 이슬람 국가에서 보여지는 열등한 여성의 지위를 극복할 수 있는 개념적 자원이 코란이나 기타 이슬람 신학서에 포함되어 있다고 믿는다. 사실 모든 종교 전통에는 그 자체에 신자들의 번영을 가로막는 오래된 관행에 대응하는 자원이 있다고 우리는 믿는다.

단순히 관용을 넘어 다양한 형태의 정신적 표출에 대해 공감하고 희열을 느끼게 되는 또 다른 이유는 사실 진리의 문제와 관련이 있다. 우리가 어떤 창을 통해 타문화의 신념과 관행을 볼 때, 보면 볼수록 그 창은 점점 더 우리 자신의 거울이 되는 것을 알 수 있다. 이는 특정 종교 전통에 속해 있지 않은 이들도 마찬가지다. 신중하면서도 관대한 시선으로 그 거울을 봐야 하며, 그렇지 않을 경우 왜곡된 모습이 거울에 비치게 될 것이다.

다른 종교를 공부할 때, 대부분의 사람들은 다음과 같은 우주론적이거나 존재론적인 질문에 집중하는 경향이 있다. 세상은 어떻게 발생했고 유지되었으며 또 어디로 향하는가? 이들이 믿는 것은 무엇인가? 이들은 귀신을 믿는가? 불사의 영혼은 믿는가? 창조주는? 이런 질문과 그 밖의 관련된 형이상학적 질문에 답하기 위해서는 공부하고 있는 특정 종교로부터 영감을 받은 예술·음악·건축·의식·전통 등의 형태와 내용을 이해하고 공감하는 것이 필수적이다. 그러나 세심한—그리고 현명한— 학생이라면 형이상학적 선언이 사실 그대로인가와 같은 더 나아간 질문은 일단 보류해 둘 것이다. 그런 형이상학적·신학적 주장들이 말 그대로 진실인가 아닌가 하는 물음은 일단 접어두고 좀 다른 문제에 초점을 맞출 필요가 있다. 어떻게 사려 깊고 품격 있는 사람들이 그러한 신념과 그에 따르는 관행을 신봉하고 거기에 동참하게 되었을까 하는 물음이 그것이다.

이런 관점에서 살펴볼 때 우리는 마음대로 어찌할 수도 없고 완전하게 이해할 수도 없는 그런 세계에 대해 각 종교가 어떻게 일관된 설명을 펼쳐놓는지를 제대로 보고 이해하게 될 것이다. 당연히 세계 종교들의 형이상학적 입장은 서로 상당히 다르며, 각기 신앙의 물리적 표상이라 할 수 있는 시너고그·스투파·모스크·탑 그리고 성당 등에 큰 영향을 끼쳤다. 이런 차이에도 불구하고 신중하고 세심한 관찰자는 이 성스러운 조형물들이 공유하고 표현하는 인간 삶의 정신적 단면을 볼 수 있을 것이며, 같은 방식으로 우리는 각 종교의 형이상학과 신학의 공통된 정신세계를 보고 공감하게 될 것이다. 즉 종교는 '삶의 의미'에 대한 물음에 서로 다른 답을 내놓는 한편 누구라도 이 세계에서 '삶 속의 의미'를 찾을 수 있게 하는 여러 지침과 영적 수련의 방법을 제공한다. 다른 종교 전통의 정신적 깊이를 헤아림으로써 우리는 우리 자신의 정신적 자원을 더욱 깊이 탐구하고, 동시에 다른 사람들과의 거리를 줄이며, 모든 사람들이 그들의 '지극히 인간적'인 삶의 의미를 찾게 하는 보다 평화롭고 정의로운 세상을 만들어 나가게 될 것이다.

이 책에 대해서

이런 배경에서 이번의 '아시아의 정신세계' 총서로 요하네스 브롱코스트(Johannes Bronkhorst)의 『까르마(Karma)』가 출간된다. 까르마는 역사적으로 남아시아의 여러 종파 및 철학 학파들의 기본 교리 중 하나였지만, 매우 뜨거운 논쟁거리이기도 했다. 요하네스 브롱코스트는 까르마라는 용어의 이중적 의미가 그 역사적·문화적 맥락의 중심에 있다고 보았다. 그는 그들 학파 하나하나, 특히 자이나교와 불교, 그리고 브라만교의 다양한 분파가 이 이중적 의미를 진지하게 수용할 때 따라오는 문제들에 대해 어떻게 대응하는가를 흥미롭게 묘사함으로써 그들의 차이점을 조명한다.

이중적 의미란 다름 아닌 '윤회'와 '업보'를 말한다. 브롱코스트가 잘 지적하듯이 이 두 개념은 반은 서로 연계되어 있고 반은 독립적이라고 할 수 있다. 한쪽 편에서는 우리가 끝없이 환생한다고 하는데, 마치 석탄이 원래 검듯이 세상의 이치가 워낙 그러하기 때문이라는 것이다. 다른 한편에서는 이 세상은 공정하며 인과응보가 현생에서 이루어진다고 믿는 것인데, 물론 꼭 그렇지 않다는 증거도 꽤나 많다. 선량한 사람들이 일찍 죽거나 고통스럽게 사는 경우도 많고, 못된 자들이 온갖 악행을 저지르고도 부귀영화를 누리며 건강하게 장수하는 경우도 많다.

브롱코스트는 까르마의 이 두 의미에 대해 각기 심도 있게 다룬 후, 텍스트 원본을 세밀하게 읽고 검토하면서 이 두 의미가 인도의 여러 철학 학파에 의해 어떻게 전개되고 통합되었는지 분석한다. 그는 먼저 까르마를 윤회로 이해할 때 이 용어의 전반적인 의미가 긍정적이지 않다는 점도 숙지하고 있어야 한다고 강조한다. 언뜻 보면 끝없이 윤회한다는 교리가 죽음에 대한 두려움을 걷어주는 복음으로 여겨질 수도 있다. 죽어서 결국은 벌레 먹이가 되어 버리는 운명이 아니라 다시 태어나 인생을 영위한다면, 그것은 실로 반가운 소식이 아닐 수 없다! 그러나 생각해 보면 그 소식이 그리 좋은 것만은 아니다. 만약 우리 각자의 삶이 하나의 이야기, 즉 계속 이어지는 서사 같은 것으로서의 의미가 있다면, 우리 인생도 일반 서사처럼 기승전결이 있어야 한다. 지금부터 한 시간 후에 죽는다는 생각은 무서울 수 있지만, 현재 또는 다른 인간의 모습으로 영원히 산다는 생각보다는 덜 무서울 것이다. 사실 그런 끝없는 존재의 연속이 누구에게 의미가 있겠는가?

까르마에 있어 '업보'와 '윤회'라는 두 주요 의미는 서로 얽혀 있다. 그렇기 때문에 까르마의 인과응보적 측면에서 벗어나고 생사윤회의 고리 또한 끊는 방법을 모색한 사상가들에게 우리는 공감하게 될 것이다. 브롱코스트는 이를 위해 자이나교, 불교 및 브라만교의 여러 학파들이 개발한 다양한 방법들을 상세히 설명하고 있으며, 그 과정에서 업보윤회사상을 받아들일 때 수반되는 여러 난제들도 직접적으로 다루고 있다. 예를 들어 선행善行에 관한 치열한 철학적 논쟁으로 갑론을박하는 상황에서 인과응보적 요소는 무엇에 의해 이끌리는가와 같은 의문점에 대해 설명해 준다. 브롱코스트가 분석한 것처럼 우리는 어떤 행위가 옳고 어떤 것이 나쁜지, 그리고 그러한 행위에 상응하는 적절한 상벌을 언제, 어디에 그리고 어떻게 할당할지를 결정해 줄 소위 '까르마 회계사'가 필요할지도 모른다. 그렇다면 어디에, 그리고 왜 그런 회계사가 필요할까?

이 작은 책에는 자이나교의 '부동不動의 고행'에 대한 설명에서 불교의 자아 개념에 대한 새로운 분석(무아)에 이르기까지 상당히 중요한 내용이 포함되어 있다. 그리고 독자들은 까르마의 개념과 관련하여 브라만교의 여러 주요 학파들의 교리적 차이에 대해 훨씬 더 많은 내용을 배우게 될 것이다.

정리하자면, 브롱코스트의 까르마에 대한 폭넓고 깊이 있는 해설은 과거 남아시아인의 삶 속에서 까르마와 연계된 사상들을 생동감 있게 그려냄으로써 현재를 살아가는 우리 모두와 연결시켰다는 점에서 '아시아의 정신세계' 총서에 가장 잘 어울리는 추가 간행이라고 할 수 있다.

헨리 로즈몬트 주니어

저자 서문

이 책은 서구 독자층의 문화와는 다른 문화권에서 통용되던 믿음〔사상〕을 다루고 있다. 이는 바로 까르마 사상이다. 이 책에서 다루는 내용은 고대 및 고전 인도문화의 까르마에 관한 것이며, 현대 서양 문화에서 일반적으로 말하는 인과응보로서의 'karma'에 관한 것은 아니다. 따라서 이 책은 다른 문화에 관한 것으로서 저자인 나는 이 두 문화 사이의 가교 역할을 해야 한다. 여기에는 무거운 책임이 따른다. 그런 다리를 놓으려면 많은 문제가 생길 수 있기 때문이다. 특히 두 가지 극단적인 입장을 피해야 한다. 하나는 서로 다른 문화 간의 격차는 메울 수 없다는 입장이다. 이 책을 집필하고 있다는 것 자체가 이미 그 극단을 거부한 셈이므로 이는 더 이상 문제가 되지 않는다. 다른 하나는 격차의 폭을 과소평가하거나 심지어 격차가 있다는 사실을 부정하는 입장이다. 이를 극복하기는 더 어렵다. 한 문화의 믿음과 개념을 다른 문화권의 독자에게 설명하려는 시도는 서로 다른 문화 사이의 경계를 넘어 타문화를 이해하는 것이 가능할 것이라는 가정을 전제로 한다. 이 가정은 모든 인간이 기본적으로 동일하다는 생각, 그리고 우리가 일반적으로 공유하는 인간에 대한 이해만으로도 타문화의 다채로운 양상을 충분히 이해할 수 있다는 생각을 쉽게 불러일으킨다. 이러한 생각이 전적으로 틀린 것은 아니다. 우리가 (아직 발견된 적은 없지만) 외계인 문화보다는 '인간'의 문화를 탐구할 준비가 더 잘 되어 있는 것은 당연하다. 그럼에도 다른 문화의 이런저런 구체적인 특징들을 끄집어낼 때, 그것들이 속해 있는 문화적 맥락 속에서 본연의 의미를 왜곡하지 않고 온전히 개념화하기는 거의 불가능하다.

여기에서 제기되는 문제에 관해서는 한 언어(및 문화)에서 다른 언어로 텍스트를 번역하는 번역가들은 이미 잘 알고 있다. 번역의 목적은 외국어 텍스트를 '국어화'하여 독자 자신이 외국 책을 읽고 있다는 사실을 거의 인식하지 못하도록 하는 것이다. 비평가들도 잘 알다시피 번역에는 늘 위험이 도사리고 있다. 번역하는 언어의 문화적 가치관과 편견을 원문에 덮어씌우는 것이 그 한 예이다.

고대 및 고전 인도의 믿음과 개념을 현대 서구독자에게 설명하려는 시도도 유사한 문제에 부딪히게 된다. 믿음과 개념은 특정한 문화적 맥락에서 이해되어야 하며, 그런 맥락으로부터 분리되면 왜곡될 가능성이 커진다. 적절한 맥락을 놓치면 그것들은 필연적으로 현대 서구독자의 문화라는 관점에서 해석되어 결국엔 원래의 의미와는 전혀 다르게 될 소지가 크다.

이러한 모든 함정을 피하려면 번역가는 몇 가지 중요한 규칙을 준수해야 한다. 우선 그는 관련 믿음과 개념에 대해 우리가 가지고 있는 모든 지식의 출처를 알고 있어야 한다. 까르마의 경우 이러한 출처는 거의 전적으로 텍스트다. 우리는 텍스트를 번역하고 해석한다. 텍스트의 번역과 관련된 위험에 대해서는 앞에서 잠깐 언급했다. 그러나 번역의 위험은 그런 텍스트가 다루고 있는 믿음과 개념을 해석할 때 발생하는 위험과 비교하면 사소하다고 해야 할 것이다.

따라서 지켜야 할 첫 번째 규칙은 번역가가 원본 텍스트에 충실하고, 텍스트에 의해 뒷받침되지 않는 해석은 가능한 한 제공하지 않는 것이다. 텍스트에 의한 명시적 근거가 없을 경우 그 해석은 십중팔구 해석자가 가지고 있는 현대 서양적인 가치와 편견을 보여줄 것이다. 이는 두 번째 규칙으로 이어지는데, 연구를 통해 우리는 때로는 특정 믿음과 개념이 포함되는 더 넓은 복합 사상체계를 확인하게 된다. 그러한 사상체계가 명료하게 드러날 때 비로소 맥락적 이해가 가능해지는 것이다.

까르마와 관련된 믿음과 개념에 대해 그 맥락적 이해를 최대한 제공하는 것이 이 책의 목적이다. 이러한 시도가 항상 가능한 것은 아니다. 더 큰 복합 사상체계에 명확하게 부합되지 않는 믿음과 개념은 저자의 최소한의 해석이 곁들여져 설명될 것이다. 이때 최선은 (가능한 한) 텍스트가 스스로 말하도록 허용하는 것이다. 지나친 '조력'은 현대 서양이나 인도의 전문가가 제공하는 것일지라도 득보다 실이 많을 수 있다. 실제로 한 현대 학자는 "까르마에 대한 현대의 사변적 '해석"에 대해 바르게 경고하기도 했다.

이 책 후반에서 다루어지는 까르마는 앞서 행해진 성찰을 기반으로 할 것이다. 까르마가 보다 넓은 복합 사상체계의 일부가 되는 경우에 한해서만 그 사상체계에 대한 논의가 있게 될 것이다. 이 경우 문헌 자료에서의 직접 인용은 피하게 된다. 보다 넓은 사상체계의 일부로 아직 확인되지 않은 자료는 (영어 번역으로 된) 텍스트자료로부터의 직접 인용에 크게 의지하게 될 것이다.

역자 서문

우리나라는 말할 것도 없고 아시아권 국가들의 민초들에게 업보윤회사상은 때로는 정서적으로 때로는 세상을 이해하는 수단으로 의식 저변에서 작동하고 있음은 부정할 수 없을 것이다. 당혹스러운 상황에 직면했을 때 우리는 흔히 "내가 전에 뭘 잘못했지?"라고 자문한다. 극찬의 수사어로 "전생에 나라를 구했다."라는 말이 유행한다. 우리의 오래된 전통 관념으로 믿어졌던 업보사상은 인도에서 기원한 것으로 알려져 있다. 업보는 인도어로 '까르마(karma)'이다. 이 용어를 세계에 알린 서구인들이 된소리 발음에 서툴러 '카르마'라는 발음이 통용되면서 우리나라에서도 이를 표준어로 간주하지만, 이 책에서는 인도 원음을 따라 '까르마'로 표기한다. 까르마는 종교적 개념을 넘어 서구에서는 일종의 도덕적 교훈으로 간주된다. 이 책은 베다로부터 시작하여 불교와 자이나교, 아지비까의 윤리적, 철학적 논의를 거쳐 인도 정통파 철학과 아비다르마불교를 망라하는 인도종교철학에서의 까르마에 대한 다양한 해석과 학파 간의 상호 영향관계를 다루고 있다. 이 책의 저자인 요하네스 브롱코스트는 스위스의 로잔대학교에서 산스끄리뜨어 및 인도학 교수를 역임했다. 그는 인도에서 주로 푸네대학교에서 수학했다. 본래 과학도였던 그는 산스끄리뜨어 문법을 시작으로 인도학 연구에 입문하게 된다. 우리나라에도 몇 차례 강연차 방문했던 그는 명저 *Greater Magadha*(2007)를 통해 고대인도 언어와 역사,

철학과 민속을 망라한 문화 전반에 대한 탁월한 안목과 식견을 이미 증명했다. 그는 인도학 관련 현시대의 최고의 학자 가운데 한 사람이다. 그의 저서들은 불교학 연구자들에게 특히 권장할 만하다. 종파적인 입장을 떠나 역사적·사회적·사상적 맥락에서 불교가 어떻게 기원하고 전개되어 갔는지를 가늠할 수 있기 때문이다. 또한 인도에서 발생한 불교가 주로 힌두교의 영향을 받았을 것이라는 선입관에서 벗어나 오히려 인도철학을 풍요롭게 하는 데 기여했다는 사실도 그의 작품들을 통해 알 수 있다.

이 책에서 저자는 업보윤회사상이 단순히 고대 인도에서 발생한 철학 관념이 아니라, 그 자체로 완전한 자유, 즉 해탈을 추구하는 인간에게 제시된 가장 구체적인 수행지침일 수 있음을 시사한다. 저자는 업보를 계산하고 기록하는 '회계장부'라는 아이디어를 내기도 한다. 그렇다면 이를 누가 관리할까? 최고신일까? 그러나 업보는 주로 최고신을 인정하지 않는 사람들이 받아들였다. 신들은 오히려 업보의 원리에 예속된 것으로 간주되었다. 업보는 게다가 어느 한 개인에게만 작용하는 것이 아니라 수많은 타인들과 동시에 작동한다. 사실 업보의 문제는 생각보다 훨씬 복잡하다. 인도의 사상가들은 이 문제를 해결하기 위해 분투했다.

우리는 일상에서 벌어지는 다양한 사건의 원인과 결과를 따져 명분을 찾고자 하고, 그 안에서 일종의 '정의'를 찾아 위안 받고 싶어 한다. 이러한 보상심리는 내일을 기대하게 한다. 다양한 변수가 존재하고 공업共業의 규모가 훨씬 더 확대된 현대사회에서 예전처럼 "까르마가 세상을 움직인다"라고 믿는 것이 유효하기를 바래본다.

이 책은 대한불교진흥원의 지원으로 출판되었다. 이 책이 번역자뿐만 아니라 독자들에게도 그동안의 의문이 풀리는 장이 되기를 희망하며, 그러한 기회를 제공한 진흥원에 깊은 감사를 드린다. 아울러 운주사 사장님의 배려와 친절에도 감사드린다. 이 책은 학술서이지만 일반 독자들도 이해할 수 있게 설명되어 있다. 저자의 주요 학술서들을 한참 고아서 떠먹기 좋은 진국을 만들어 내놓은 듯하다. 이 책은 본래 '아시아의 정신세계' 총서 가운데 하나로, 우리나라에서는 이번에 단행본으로 나오게 되었다.

본문에 소개되는 원전의 인용문들은 저자의 번역을 중심으로 하되, 필요한 경우 원문을 참고하여 변화를 주었으며, 저자가 문헌 출처를 생략한 경우에도 확인이 가능한 경우에는 이를 기재했다. 또한 독자의 이해를 돕기 위해 최소한의 역주를 달았다.

2024년 가을

역자 최경아

발간사 • 5

편집자 서문 • 7

저자 서문 • 15

역자 서문 • 19

서론 27

I. 정통 까르마 31

제1장 기원 및 종교적 쓰임새 33

제2장 대마가다와 그 이후의 까르마 39

　자이나교 • 42

　아지비까 • 49

　자아에 대한 지식 • 54

　불교 • 57

제3장 브라만교에서의 까르마 74

　베다 문헌에서의 부재 • 77

　브라만교의 반격 • 81

　브라만교에서의 수용 • 83

제4장 까르마와 철학 104

　까르마와 불교철학 • 111

까르마와 브라만철학 · 117

자이나교의 까르마에 대한 이론적 전용轉用 · 128

이론적 난점과 그 해법 · 132

II. 까르마의 다른 형태 151

제5장 공덕의 회향 153

제6장 까르마의 경쟁자들 161

제7장 한 생에서 다음 생으로 171

자이나교 · 172

불교 · 174

브라만 전통 · 177

제8장 신애(bhakti) 180

최종 논평 189

인도아대륙 밖에서의 전개 · 189

이 모든 것은 무엇을 의미하는가? · 191

추가 자료 197

찾아보기 · 205

**Special
Topic**

인도의 신   35

자이나교와 그 경전   43

불교경전   59

베다   77

인도철학에서 류類, 종種 및 보편普遍   97

바가바드기따   100

아비다르마불교와 인도철학의 발단   107

바이셰시까: 설일체유부에 대한 대응   121

인도철학이 공유하는 문제들   137

서론

『웹스터 영어 사전』(Webster's Third New International Dictionary of the English Language)은 까르마에 대해 다음과 같이 설명한다.

1. 힌두교와 불교에서 인간의 행동에 의해 생성된 힘을 뜻하며, 환생과 죽음을 되풀이하게 하는 원동력으로서 정신적 해탈을 성취하여 그 힘의 영향으로부터 해방될 때까지 인간은 계속 윤회를 견뎌야 한다.

2. 힌두교와 불교에서 생각, 말 및 행동으로 구성된 사람의 선행 또는 악행의 윤리적 결과의 총합을 뜻하며, 다음 생에 어떤 운명으로 환생할지가 이에 의해 결정된다.

3. 자이나교에서 물질의 미묘한 형태를 뜻하며, 영혼에서 전개되어 스스로를 오염시키고 개인의 윤회 과정을 연장시키며 최종 구원의 가능성을 늦춘다.

사전의 이 항목은 당연히 영어에서 'karma'의 의미를 설명하고 있으며, 대체로 산스끄리뜨어나 다른 인도어에서 사용되는 여러 방식 가운데 하나에 부합한다.

산스끄리뜨어에서는 이 단어가 그 외에 여러 다른 의미로도 쓰인다. 예를 들어, 압떼(Apte)의 『실용 범영사전』(The Practical Sanskrit-English

Dictionary)에는 다음과 같은 15가지 의미가 나온다. (1) 행동, 일, 행위; (2) 실행, 수행; (3) 업무, 사무, 의무; (4) 종교 의식儀式; (5) 특정 행동, 도덕적 의무; (6a) 사변적인 종교 혹은 브라흐만에 대한 지식과 반대가 되는 종교 의식의 수행. (6b) 노동, 일; (7) 생산물, 결과; (8) 자연적 또는 능동적 속성(지地를 지탱하는); (9) 운명, 즉 전생에 행한 행위의 특정 결과; (10) (문법) 행위의 목적; (11) (철학) 〔실재하는〕 사물의 일곱 가지 범주 중 하나인 운동; (12) 감각 기관; (13) 행위 기관; (14) (천문학) 열 번째 궁宮; (15) 연습, 훈련.

이와 같이 산스끄리뜨어에서는 한 단어가 여러 의미를 가지는 경우가 흔하며, 이러한 단어들 가운데 많은 단어들이 때로는 꽤 많은 수의 관련 없거나 관련이 적은 의미들을 가진다. 까르마의 경우 일부 학자들은 윤회사상과 관련 있는 까르마(위의 9번)가 '종교 의식'의 까르마(위의 4번)로부터 역사적으로 발전한 것이라는 잘못된 가설을 세웠다. 사실 이 둘은 서로 매우 독립적이며, 완전히 다른 배경에서 시작되었다.

『웹스터 영어 사전』의 해설처럼 인도 단어 까르마는 윤회사상과 관련된 것으로 사용될 수 있다. 이는 우리의 관심사이기도 하다. 두 다른 개념이 관여하고 있음을 분명히 하는 뜻에서 『웹스터 영어 사전』에는 없지만 메리엄-웹스터(Merriam-Webster) 온라인 사전에 나오는 형용사 'karmic'을 사용하여 'rebirth and karmic retribution(업보윤회)'이라는 표현을 쓰는 것이 유용할 수 있다. 윤회사상은 어떤 형태로든 전 세계 종교에 널리 퍼져 있지만 대부분의 종교에서 업보는 중요한 역할을 하지 않거나 역할이 아예 없다. 그러므로 윤회사상은 업보라는 개념 없이도 충분히 존재할 수 있다. 이 점이 중요한 이유는 인도에서의 업보의 기원에 관한 학문적 연구가 인도의 가장 오래된 문헌인 베다(3장에서 "베다"라는 제목의 글상자 참조)에 윤회사상이 (미미하게) 존재한다고 보는 등 때로는 잘못된 결론을 도출하기 때문이다. 실제로 업보의 기원을 베다에서 찾아야 한다는 이전의 (부정확한) 확신으로 인해 특정 학자들은 이 개념이 종교 의식―베다 문헌의 핵심 관심사이며 때로는 까르마라고 호칭―과 관련이 있어야 한다고 근거 자료 없이 상정하였다.

『웹스터 영어 사전』의 항목에서 볼 수 있듯이 까르마는 개인과 관련된 어떤 것이 분명하다. 즉 사람은 자신의 행동에 따라 다시 태어난다는 것이다. 이것은 사실 현존하는 인도 문헌에서 가장 자주 언급되고 고찰되는 까르마이다. 이것을 '정통 까르마'라고 명명할 것이며, 이 책의 전반부에서 논의될 것이다. 이 개념은 역사적 전개라는 틀 안에서 서술될 것이다. 그 전개는 고대 및 고전 인도의 주요 종교, 특히 자이나교, 불교 및 브라만교와 관련되며, 이들과 다른 종교적 조류와의 집중적인 상호작용과도 관련이 있다. 그 조류나 시기의 선택에 있어서는 어느 정도의 건너뜀이 있겠지만 이를 최소한으로 줄이고자 한다.

역사적 해설이 있고나서 전반부의 나머지 부분에서는 다른 사상적 조류들이 이 믿음과 타협하려 시도했던 일부 방법들에 대해 살펴볼 것이다. 말하자면 "까르마는 어떻게 작동하며, 왜 작동하는가?"와 관련되어 있다. 이를 통해, 까르마가 다방면에서 인도철학에 지대한 영향을 끼쳤다는 것이 분명해질 것이다. 저자나 학자들이 말하는 정통 까르마가 보다 대중적인 개념들과 늘 일치했던 것은 아니지만 그렇다고 문학이나 철학적 개념과 같았던 것도 아니다.

이 대안적 개념들을 제대로 알아보기 위해 이 책의 후반부에서는 "까르마의 다른 형태"가 다루어질 것이다. 여기에는 공덕의 회향에 대한 믿음과 업보를 피하기 위한 수단으로서의 신에 대한 신애(헌신) 사상이 포함된다.

"최종 논평"에서는 인도아대륙 외부에서의 전개를 간략하게 살펴본 후, 업보윤회사상을 어떻게 이해해야 하는지에 관한 생각 몇 가지를 제안할 것이다.

I
. . .
정통 까르마

제1장 기원 및 종교적 쓰임새

베다 문헌에서 업보業報사상의 기원은 발견되지 않는다. 안타깝게도 이와 관련된 정보를 제공하는 다른 문헌도 없다. 업보사상은 베다의 본고장과는 다른 지역을 거점으로 한 자이나교와 불교의 최초기 문헌에서 느닷없이 나타난다. 게다가 신흥 사상이라기보다는 오래되고 비중 있는 사상인 것처럼 언급된다.

죽음이 끝이 아니라는 믿음, 지금과 같거나 더 나은 세상에서 삶이 다시 지속될 수 있다는 믿음이 [불교나 자이나교에서 말하듯이] 반드시 비관적일 필요는 없다. 현재의 행위가 미래의 삶의 질에 영향을 미칠 수 있다는 한 발 앞서간 믿음은 오히려 낙관적일 수 있다. 업보윤회를 믿었던 사람들 가운데 다수는 다음 생에 더 나은 삶을 살 수 있을 것이라는 기대에 분명 마음이 끌렸을 것이고, 이러한 믿음을 희망의 원천으로 생각했을 것이다. 그러나 이러한 입장은 현존하는 가장 오래된 문헌에서는 발견되지 않는다. 오히려 전혀 다른 입장을 보이고 있다. 즉 계속되는 재생은 곧 괴로움의 원천이자 고통과 불행의 끝없는 반복인 것이다. 그렇게 생각하는 사람들의 관심사는 보다 나은 처지로 환생하는 것이 아니라 윤회 자체를 아예 끝내버리는 것이었다. 그들의 목표는 끝없는 윤회에서 해방되는 것이다. 이렇듯 윤회에서 벗어나고자 하는 데는 모두 동의했지만, 해방(해탈)을 성취하는 방법에 있어 모두 같은 의견을 가진 것은 아니었다.

인도의 업보윤회사상의 기원에 관해서는 사실 설명할 수 있는 것이 별로 없다. 이 사상이 현존하는 문헌들에 등장할 무렵에는 이미 잘 확립되어 있는 상태였으며, 이 문헌들은 이 사상의 기원이 아닌 그 결과를 다루는 방법에 대해 말하고 있다. 업보윤회로부터의 해탈이 그 목표라는 것인데, 이 목표는 기본적으로 부정적인 측면이 있음을 주목해야 한다. 금생이나 내생의 행복이나 안녕이 아니라 지속되고 반복되는 생의 결정적이며 비가역적인 종지부가 목표인 것이다.

우리는 이들 문헌 자료에서 업보윤회사상이 다루어지는 맥락과 그 근거에 대해 유의해야 한다. 위에서 언급했듯이 이들 문헌은 끝없는 윤회로부터의 해탈에 많은 관심을 두고 있다. 그러나 이는 업보윤회사상에 잘 맞지 않는 목표이다. 업보윤회사상은 주로 금생에 뿌린 씨앗의 보상을 내생에 거둔다는 것을 의미한다. 선행은 선호하는 내생을, 악행은 피하고 싶은 내생을 초래한다. 덕을 쌓으면 상을 받고 죄를 지으면 벌을 받는다. 이러한 믿음에는 부인할 수 없는 윤리적 측면이 있다. 즉 우주에 윤리적 요소가 내재해 있다는 것이다. 반듯하고 바람직한 삶을 살며 앞으로도 그런 삶을 계속 희망하는 사람들에게는 당연히 좋은 일이며 안심이 될 것이다. 그러나 이런 것에 식상한 사람들도 있다. 그들에게는 확실한 출구가 없으며, 도덕적 삶의 영위는 해결책이 되어 주지 않는다. 반면 과보로 받는 선호하는 삶은 그 안에서 더 많은 욕망이 성취되어 그 유혹으로부터 벗어나기가 더욱 어렵게 된다. 그리고 반대로 악한 삶은 내생의 불행과 우둔한 정신능력의 원인이 되어 지혜로운 행동의 가능성 자체가 배제된다.

이러한 고찰을 통해 분명히 알 수 있는 것은 까르마에 대한 논의, 즉 업보윤회사상에 대한 논의가 기존에 드러난 다양한 내용에만 한정될 수 없다는 것이다. 이 사상은 인도아대륙의 이천오백 년 역사 속에서 다양한 모습을 보여 왔다. 또 어느 종파에 속했느냐에 따라 선행과 악행에 대한 평가도 달랐다. 하지만 이러한 문제는 문헌에서 자주 논의되는 질문, 즉 "어떻게 하면 개개인이 자신이 지은 업보로부터 벗어날 수 있는가?"라는 질문을 고려하지 않고는 논의될 수 없다. 우리는 이 질문이 업보윤회사상과 분리될 수 없을 뿐만 아니라, 다른 신흥종교에서 이 사상이 취하는 모습에도 영향을 끼쳤다는 것을 알게 될 것이다. 북인도에서 발생한 새로운 종교운동의 초기 모습을 역사적으로 살펴보면 이 사실이 보다 분명해질 것이다. 이에 대한 논의부터 시작하도록 한다.

인도의 신

남아시아의 토착종교사를 연구할 때 명심해야 할 사항은 상호 교차점이 많지 않은 다양한 종교운동과 만나게 된다는 사실이다.

이들 다수에게 적용되는 공통점이 하나 있으니 인도 관련 종교는
유일신교로도 다신교로도 단정지을 수 없다는 것이다. 아브라함
종교[1]에서 흔히 볼 수 있는 '믿음'이나 '신앙' 같은 개념은 인도라는
상황에는 거의 적용되지 않으며, 적용되더라도 전혀 다른 용도
로 쓰인다. 불교, 자이나교 및 브라만교에서 -적어도 초기에는-
신들의 존재는 부정되지 않았다. 그렇다고 신들이 신도들의
신행 중심에 있었던 것은 아니다. 이들 종교가 신들과 여타
불가시적이고 초자연적인 존재들을 인정한 것과는 별개로 종교
적 성향이 강한 사람들에게조차 이 모든 존재들은 중심적인
역할을 하지 못했다.

브라만교 사제들의 성찰은 [기존 인격신들을] 비인격화 하는
경향이 있었다.(후기 베다 문헌[2]의 신들은 초기 베다 찬가에서 찬양되었
던 변덕스러운 존재들의 잔영이라 할 수 있다.) 그렇기에 우주를 아우
르는 것 말고는 거의 하는 것이 없는 비인격적 최고 실재인
브라흐만(Brahman)에 대해 관심을 갖게 된 것은 놀라운 일이
아니다. 이 비인격적 실재에 대한 앎과 더불어 그 실재와 우리
내면의 자아가 하나임[범아일여梵我一如]을 깨닫는 것이 최고의
경지로 여겨졌다. 브라흐만은 중성명사인데, 남성명사로 쓰일
땐 브라흐마(Brahmā)라고 하여 인격신을 가리키며 대개 세상을
창조하는 조물주로 여겨진다. 그러나 이 신을 사람들이 예배하지
는 않는다.

쉬바(Śiva)와 비슈누(Viṣṇu) 두 신은 이후 수 세기 동안 브라만교

전통 내에서 특별한 위치를 점하게 되었다. 숭배자들은 둘 중 하나를 최고신(God)으로 보는 경향이 있었으며, 대부분의 힌두교도들은 자신을 둘 중 어느 하나의 추종자라고 생각했다. 이 두 신은 배우자와 적, 기타 여러 군상들과 함께 정교한 신화로 구성되어 묘사되었다. 비슈누 신화에는 수많은 비슈누의 화신(avatāra)이 등장한다는 점에서 특히 흥미롭다. 비슈누는 세상의 질서를 바로 세우기 위해 다양한 가상의 역사적 인물로 지상에 태어난 것으로 믿어진다. 이들 화신 가운데 가장 유명한 것은 라마(Rāma)와 끄리슈나(Kṛṣṇa)이다. 라마는 『라마야나(Rāmā-yaṇa)』라 불리는 산스끄리뜨 서사시의 영웅이고, 끄리슈나는 또 다른 산스끄리뜨 서사시인 『마하바라따(Mahābhārata)』와 그 밖의 문헌에서 빈번히 등장하는 신이다. 라마와 끄리슈나는 둘 다 개인적인 헌신의 대상이 되었으며, 박띠(bhakti)와 관련하여 지속적으로 중심적인 역할을 한다(제8장 "신애(bhakti)" 참조). 브라흐마, 비슈누 및 쉬바는 각각 세계의 창조, 유지 및 파괴를 책임지는 삼신(三神, trimūrti)을 구성하는 것으로 여겨지기도 한다. 비슈누나 쉬바와는 달리 창조신 브라흐마는 따로 숭배의 대상이 되지 않았다.

---

1 아브라함에 기원을 두는 유일신교 종교로서 유대교, 기독교, 이슬람교, 바하이교 등이 포함된다.

2 베다는 협의로는 리그베다, 사마베다, 야주르베다 및 아타르바베다의 4베다에서 만뜨라(mantra)로 된 상히따(saṃhitā, 본집本集) 부분만을 말하고, 광의로는 4베

다의 상히따, 브라흐마나, 아란야까, 우빠니샤드 전체를 일컫는다. 여기에서 후기
베다 문헌은 상히따를 뺀 브라흐마나, 아란야까, 우빠니샤드를 지칭한다. 상히따
에 나타난 철학적 측면은 이들 문헌에서 점점 심화되어 가는데, 우파니샤드에서
그 정점에 이른다.

제2장 대마가다와 그 이후의 까르마

베다 본고장의 동쪽 지역, 즉 갠지스 평원의 동쪽이며 갠지스강과 야무나강의 합류점의 동쪽을 편의상 대마가다(Greater Magadha)라고 부른다. 기원전 500년 전후 몇 세기에 걸쳐 다수의 종교적 조류가 출현하였다. 이 장에서는 대마가다에 대한 해설을 시작으로 자이나교와 최고 목표에 이르는 핵심을 자아에 대한 지식으로 보는 아지비까(Ājīvika, 사명외도邪命外道) 그리고 불교를 살펴볼 것이다. 마가다는 동쪽 갠지스 계곡에 있던 왕국의 이름이다. 전성기인 기원전 4세기 무렵 대부분의 인도아대륙을 통일하여 제국의 중심이 되었다. 마가다와 그 일대(대마가다)는 제국의 성립 전과 몰락 후에도 일정 기간 자체의 고유문화를 지니고 있었다. 인더스 문명이 사라진 지 1,000년도 더 지난 기원전 500년경부터 도시화가 다시 시작된 곳이 바로 이 지역이다.

　대마가다의 문화는 그곳으로부터 서쪽 방면에 그 중심지가 있었던 베다 문화와는 여러 면에서 달랐다. 마가다의 통치자들이 영토를 확장함으로써 베다의 중심지와 그 밖의 광대한 지역을 제국에 종속시켰을 때(마우리아 왕조의 아쇼까왕 때 가장 넓게 확장됨) 이 두 문화는 서로 밀접하게 접촉할 수밖에 없었다. 그에 따른 두 문화의 대립과 동화는 이후 펼쳐지는 다양한 인도문화의 역사를 이해할 수 있는 배경이 된다.

대마가다 문화의 가장 독특한 특징 중 하나는 업보윤회사상으로, 이 사상에 기초한 새로운 종교운동이 왜 이곳에서 비롯되었는지를 설명해 준다. 이들 신흥종교 가운데 가장 널리 알려진 것이 자이나교, 불교 및 아지비까이다. 이 사상들을 배격하려는 수 세기에 걸친 브라만교의 노력에도 불구하고 결국은 수용하게 되었는데, 그 방식에 대해서는 다음 장에서 설명될 것이다. 여기서 주목해야 할 점은 이 사상이 브라만 전통에서(그리고 최근까지 현대 학문에서) 본래의 불가분적인 부분으로 간주되었다는 것이다.

우주의 생성과 파괴가 시작도 끝도 없이 서로 이어진다는 시간에 관한 순환적 관점은 원래는 대마가다에 속했던 것으로, 이후에 브라만교가 채택하여 자기 것이라고 주장한 또 다른 하나의 사상이다. 이러한 사고는 생류의 생사가 시작도 끝도 없이 계속된다는 사상과 구별되지만, 둘 사이의 유사점은 쉽게 알 수 있다.

장례 관습에 있어서도 대마가다의 문화는 베다 문화와 대조된다. 대마가다의 주민들은 망자를 위해 둥근 무덤을 만들었다. 시신을 화장하지 않고 그 무덤에 안치했을 가능성이 있지만 확실하지는 않다. 이러한 관습은 불교와 자이나교의 사리탑 그리고 오늘날까지 이어지고

있는 특정 힌두교 성자를 위한 장례 구조물인 사마디(samādhi)에 남아
있다. 브라만교는 적절한 시기에 윤회업보사상(뒤 참조)을 받아들였지
만 동쪽 지역에서 행해졌던 장례 의식은 힌두교 성자의 경우를 제외하
고는 끝까지 받아들이지 않았다.

인도의학의 고전적 형태인 아유르베다(Ayurveda)도 대마가다 문화
에 그 뿌리를 두고 있다고 할 수 있다. 주술, 주문 및 부적에 크게
의존하는 베다의학 전통과는 달리 대마가다에서 성행했던 의학 전통에
서는 약(때로는 연고와 고약)을 조제하고 활용했다. 고전 아유르베다의
핵심이라고 할 수 있는 체액균형 회복이라는 개념도 대마가다 문화에
서 유래한 것으로 보인다. 다른 문화적 특징(업보윤회)처럼 대마가다의
의학 전통은 브라만 의학으로 발전하여 아유르베다의 일부로 이어졌
다. 사실 '~베다'라고 하는 명칭 자체가 이 전통이 원래 자신들의
것이라고 하는 브라만교의 부당한 주장을 함축하고 있다.

대마가다 문화가 이후 남아시아의 문화 및 종교에 끼친 영향은
실로 지대하여 여기에 다 열거할 수 없을 정도다. 안타깝게도 이
문화는 불교와 자이나교 경전을 제외하고는 그 어떤 문헌 자료도
남기지 않았기에 그에 대한 추가적인 정보를 얻기는 지극히 어렵다.
이 문화의 역사적 위상은 뒤에 논의되겠지만 이후 수 세기에 걸쳐
이루어진 브라만교의 그 유례가 없는 성공적인 확산에 의해 가리어졌
다. 일반적으로 그렇듯이 브라만교는 과거의 사건을 재해석했으며,
(브라만교 입장에서는 재앙과도 같은) 마우리아 제국의 탄생마저도
초대 제왕의 고문이었던 브라만 덕택이라고 했다.

자이나교

기원전 5세기 무렵 대마가다에서 발생한 신흥종교 가운데 하나인 자이나교는 업보윤회 문제에 대한 획기적인 정보를 제공한다. 마치 손에 맞는 장갑처럼 문제에 딱 맞는 해결책을 제공했기 때문이다. 그 해결책을 살펴보면 문제가 정확히 어떻게 파악되었는지를 알아낼 수 있다.

최초기 자이나 텍스트에 나타나며 다른 초기 출처에서도 확인된 해결책은 고행이다. 그런데 일반적인 고행이 아니다. 해탈은 오랜 기간에 걸친 금욕적 노력의 최종적인 결과로 여겨졌는데, 이는 고행 자가 활동을 완전히 멈추는 것으로 그 절정에 이른다. 이러한 움직임 의 멈춤(kāyotsarga), 즉 부동화不動化는 몸뿐만 아니라 마음에 관한 것이기도 하다. 결국엔 호흡 활동까지 억제하는 극단적인 단계로까지 진행되며, 필연적으로 육체의 죽음을 초래한다. 다른 모든 조건이 충족된다면 해탈은 정말로 죽음의 순간에 일어나는 것으로 생각되 었다.

다른 조건에 대해서도 곧 알아보겠지만 먼저 부동의 고행과 업보윤 회사상 사이에 어떤 연결고리가 있는지 살펴보도록 한다. 이 연결고리 는 쉽게 식별될 수 있다. 업보는 '내가' 하는 행위에 의해 '나의' 미래가 결정된다는 것을 의미한다. 행위는 이 믿음의 중심에 있다. 실제 산스끄 리뜨어로 까르마(karma)는 주로 '행위'나 '활동'을 의미한다. 만약 행위 가 내생으로 이어진다면, 그리고 다시 태어나고 싶지 않다면 분명한 해결책은 모든 활동을 삼가는 것이다. 이것이 초기 자이나교도들이

한 일이다.

자이나교 문헌에서 해탈에 이르는 길에 대한 가장 오래되고 상세한 설명은 『아짜랑가 수뜨라(Ācārāṅga-sūtra)』에서 볼 수 있다. 텍스트가 길고 난해하여 여기서는 인용하지 않겠지만, 요점은 분명하다. 고행자는 스스로 준비가 되었다고 판단하면 눕거나 앉거나 서 있는 자세를 취하고, 모든 음식을 금하며, 완전히 무심한 상태에서 죽음을 맞이한다. 그는 모든 활동과 움직임에 대해 완벽하게 제어된 상태에서 굶어 죽는다. 이것은 수련과 예행으로 점철된 삶에서의 절정인 것이다.

자이나교와 그 경전

우리가 알고 있는 자이나교의 창시자 마하비라(Mahāvīra)는 기원전 5세기 붓다와 동시대에 생존했던 인물이다. 불교 자료에 따르면 그는 붓다보다 먼저 사망했다. 둘은 서로의 존재를 알고 있었으나 만난 적은 없었던 것으로 보인다.

초기에 분열이 있었다는 자이나교의 전승에 대해서는 의심의 여지가 없다. 이 분파의 결과는 오늘날에도 볼 수가 있다. 자이나교는 이론과 실천에 있어 다방면에서 서로 의견이 다른 두 개의 분파로 남아 있다. 그 차이점 중 하나는 수행자의 복장과 관련이 있는데, 이 때문에 두 분파에 다른 이름이 붙여졌다. 슈베땀바라(Śvetāmbara, 백의파白衣派)에 속한 수행자는 하얀 옷을 입으며, 디감바라(Digambara, 공의파空衣派)의 경우는 옷을 전혀 입지 않는다.

또 다른 차이점은 마하비라의 교설을 포함하는 것으로 알려진 초기 문헌의 존속과 관련이 있다. 디감바라는 그런 초기 문헌이 유실되었다고 하나, 슈베땀바라는 불완전하지만 현존한다고 한다. 그러나 슈베땀바라도 그런 초기 문헌(또는 그중 남아 있는 부분)이 기원후 5세기까지는 기록되지 않았다는 것을 인정한다. 이론적으로 슈베땀바라의 경전은 (1) 뿌르바(Pūrva, 고문헌), (2) 앙가(Aṅga, 지분), (3) 앙가바히야(Aṅgabāhya, 보조 경전)의 세 부분으로 구성된다. 슈베땀바라에 따르면 (1)은 완전히 망실되었으며, (2)의 일부도 마찬가지다. 언어와 기타 기준에 의하면 살아남은 경전 가운데 일부(그중에서도 『아짜랑가』와 『웃따라디야야나(Uttarādhyāyana)』)은 상대적으로 더 오래되었다.

현대 학자들은 슈베땀바라 경전군에 속한 많은 문헌들이 실제 기록된 시기로부터 그리 많이 앞서지 않은 시대에 속하는 것으로 본다. 이 문헌들 중 일부(『아짜랑가』 및 『웃따라디야야나』)만 마하비라 시대에 근접한다. 다른 문헌들, 특히 『스타낭가(Sthānaṅ-ga)』와 『사마바양가(Samavāyaṅga)』는 숫자 배열에 맞추어 주제를 제시한다. 이 문헌들은 항목 수에 따라 배열된 주요 주제 목록을 기반으로 하고 있다. 이는 자이나교 경전의 흥미로운 양상으로서 불교경전에도 불교사상의 발전에 지대한 영향을 끼친 이와 유사한 문헌들이 있다(아래의 "불교경전"을 참조하라). 자이나교 경전의 상당 부분을 신뢰할 수 없는 것은(적어도 최초기와 관련된 정보에 관해) 엄격하게 조직된 암송법 전통이 미약하기 때문이다. 이런 점에서 자이나교는 암송 전통이 강해 유년 시절부터 집중적인 훈련을 받는 브라만교와 큰 차이가 있다. 불교의 경우 잘 정비된 승원 전통 덕에 고대 문헌을 훨씬 더 잘 보존할 수 있었다.

활동[행위]이나 움직임의 억제에 대해 강조하는 것은 놀라운 일이 아니다. 괴로움은 행위의 결과라는 언급이 『아짜랑가』에 반복적으로 나온다. "이 모든 괴로움이 행위로부터 생긴다는 것을 그는 안다." "행위를 버린 자에게는 어떠한 활동도 발견되지 않으며, 윤회의 조건은 행위에서 비롯된다."

이러한 상황에서 가장 확실한 처방은 행위를 억제하는 것이다. "행위로부터 자유로운 자는 알고 있으며, 또한 보고 있다. 통찰력으로 인해 그는 그 어떤 것도 갈망하지 않는다." "그는 행위를 멈춘 자로서 현명하며 깨어 있다. … 행위와 연결된 결과를 보고 나서, 필사必死의 유한한 존재들 가운데, 행위로부터 자유로운 그들을 보면서, 여실히 아는 그는 행위로부터 벗어난다." 등등.

이상은 초기 자이나교의 해탈도에 대해 명확하고도 이해 가능한 그림을 보여 준 것이다. 행위는 모든 불행의 근원이기 때문에 수행자는 가장 극단적인 방법으로 그것을 멈추려고 한다. 수행자는 음식을 삼가고 최대한 움직임이 없는 자세로 죽음을 준비한다.

여기까지의 내용은 심각한 결함을 내포하고 있는데, 초기 자이나교도들도 이를 인지하고 있었다. 그들의 믿음에 따르면 모든 활동을 중단해야만 업보가 생기지 않는다. 가장 엄격한 자이나 고행자도 행위를 완전히 중단하기 전까지는 금생을 포함해 수없는 전생에서 활동적이었을 것이다. 이전의 모든 행위에는 과보가 따를 것이며, 행위 없이 보낸 고행자로서의 짧은 시간으로는 이를 바꾸지 못할 것이다. 결국 가장 극단적인 형태의 고행으로도 원하는 목표는 달성되지 않는다. 자이나교 수행자들이 직면했던 중대한 문제는 이전 행위의 흔적에서 스스로를 어떻게 해방시키는가이다.

그들은 답을 가지고 있었다. 부동의 고행은 결코 유쾌한 것이 아니다. 뙤약볕에서 며칠 동안 부동의 자세로 서 있고, 음식물을 섭취하지 않으며, 고행자를 괴롭히는 벌레나 다른 해충들로부터 몸을 보호하지 않는 이 모든 것이 엄청난 괴로움을 만든다. 자이나교도들은 이런 고통이 그들이 선택한 방법의 불가피한 부산물이 아니라 본질적인 부분이라고 보았다. 그리고 이 고통이 이전 행위의 흔적을 파괴한다고 하였다.

다른 초기 자이나교 문헌인 『웃따라디야야나』는 이미 고행의 이중적인 역할에 대해 언급한다. "영혼은 행위를 버림으로써 무엇을 만들어 내는가? 행위를 버림으로써 행위가 없는 상태를 만들어낸다. 행위가 없게 됨으로써 영혼은 새로운 까르마에 묶이지 않으며, 전에 묶여 있던 까르마를 소멸시킨다."

다른 내용들도 있지만 바로 이 부분이 부동의 고행에 두 가지 기능이 있음을 명백히 밝히고 있다는 점에 주목해야 한다. 고행자는 한편으로는 아무 행위도 하지 않음으로써 업보를 초래할 수 있는 일 자체를 방지하고, 다른 한편으로는 이전 행위의 흔적을 태워버린다. 고행은 이런 식으로 제대로 수행하면 새로운 생으로 연결시킬 수 있는 까르마의 흔적이 남아 있지 않는 순간(고행자가 육체적으로 죽는 순간)으로 이르게 한다. 이 경우 고행자는 다시 태어나지 않는다.

홍미롭게도 자이나교도들을 비판하는 초기불교경전에서도 똑같은 고행의 두 가지 기능에 대해 말하고 있다. 『맛지마 니까야(Majjhima-nikāya)』(III 92-93)에 나오는 붓다와 마하나마(Mahānāma) 사이의 다음과 같은 대화 내용은 무척 홍미롭다.

> 한때, 마하나마여, 나는 … 깃자꾸따(Gijjhakūṭa)산에 머물렀소. 그 당시 이시길리(Isigili)산 비탈의 검은 바위 위에는 많은 자이나교도들이 꼿꼿이 서서 앉기를 거부하고 있었고, 그들은 자발적으로 고행하면서 극심한 고통을 느끼고 있었소. 그때, 마하나마여, 저녁에 명상에서 나와 … 그 자이나교도들이 있는 곳으로 갔소. 그곳에 가서 나는 그 자이나교도들에게 이렇게 말했소. "자이나교도들이여, 그대들은 왜 꼿꼿이 서서 앉기를 거부하고 있으며, 왜 고행을 자초하여 격렬한 고통을 느끼고 있는 것이오?" 이 말을 했을 때, 마하나마여, 그 자이나교도들이 나에게 말했소. "벗이여, 모든 것을 보고 모든 것을 아는 자이나 나타뿟따(Nāthaputta)는 완전한 앎과 통찰을 주장하면서 말하오. '걷거나, 가만히 서 있거나, 잠을 자거나, 깨어 있거나 나에게는 언제나 그리고 지속적으로 앎과 통찰이 있소.' 그(나타뿟따)는 말하오. '자이나교도들이여, 예전에 그대들은 죄가 되는 행위를 했으니, 이 가혹하고 어려운 수행을

통해 그 죄업을 소진시켜야 하오. 지금 여기에서 몸과 말 그리고 마음으로 절제하는 것은 미래에 죄가 되는 행위를 하지 않는 것과 같소. 따라서 고행에 의해 이전 행위가 소멸되고 새로운 행위가 수행되지 않은 결과로 미래에 더 이상 영향을 주지 않으며, 미래에 더 이상 영향이 없기 때문에 행위의 소멸이 있게 되며, 행위의 소멸의 결과로 괴로움의 소멸이 있게 되고, 괴로움의 소멸의 결과로 느낌의 소멸이 있게 되며, 느낌의 소멸의 결과로 모든 괴로움이 소진될 것이오.' 나타뿟따의 이 말씀은 우리를 즐겁게 하고 우리로부터 인정을 받았으므로 우리는 기뻐하오. … 친애하는 고따마여, 즐거움은 즐거움을 통해 도달해서는 안 되며, 즐거움은 괴로움을 통해 도달해야 하오."

여기에서 나타뿟따는 자이나교의 마지막 전지적 성자(tīrthaṅkara)로 여겨지는 마하비라를 말한다. 이 인용문을 통해 우리는 자이나교도들이 "똑바로 서서 앉기를 거부했으며", "새로운 행동의 불이행"과 "고행에 의한 이전 행동의 소멸"을 목적으로 그렇게 했다는 것을 알 수 있다.

전념을 다해 수행하는 자이나교 고행자들은 너무 일찍 죽지 않도록 주의해야 한다는 것이 이제 분명해졌다. 충분한 고통을 겪기 전에 죽으면 이전 행위의 흔적이 남아 다시 태어날 것이다. 이는 자이나교 고행자들이 단식과 탈진을 통한 자발적 죽음으로 해탈할 준비가 되어 있기 전에 모든 조건이 충족되어 있어야 하는 이유를 제시한다.

이 방법은 그렇다면 초기 자이나교 자료에서 제안한 방법과 같은데,

업보윤회사상에 대해서는 무엇을 알려 주고 있는가? 답은 간단하다. 자이나교의 방법은—호흡과 같은 비자발적 행위를 포함한— 모든 행위가 까르마적 결과를 가져와 윤회의 쳇바퀴에 사람을 묶는다는 가정을 기반으로 한다. 모든 행위에는 선행善行이 포함된다. 선행은 좋은 내생을 보장할 수 있다. 그러나 이는 우리의 최상의 목표인 윤회로부터의 해탈에 가까이 가지 못하게 한다. 초기 자이나교에 있어 해탈로 가는 사다리의 가장 높은 단계에서 도덕성은 그 역할이 없다.

투철한 자이나 고행자들이 해탈에 이르기 위해 벗어나려했던 활동에 신체활동만 있었던 것은 아니다. 중단하기 특히 어려운 호흡도 신체활동에 포함되며, 정신활동 또한 중단해야 했다. 뛰어난 자이나교 고행자는 풍경화 속의 조각상과 외형으로만 닮은 게 아니다. 마음도 완전히 정지되어 있어야 했는데, 생각과 감정도 까르마적 결과를 가져오기 때문이다.

아지비까

아지비까(Ājīvika)는 더 이상 추종자가 없다는 의미에서 인도에서 사라진 종교이다. 자이나교나 불교와 대략 동시대에 동일지역에서 발생했는데 어떠한 문헌도 남기지 않은 채 2,000년 정도 존속했다가 소멸하였다. 기원전 3세기에 아쇼까왕이 아지비까 교도들에게 기증한 동굴에 새겨진 명문으로 짐작할 수 있듯이 초기에는 그 인기가 상당했던 것으로 보인다. 아지비까에 관한 정보가 남아 있는 현존하는 자료를 면밀히 조사해 보면 이들이 실제로 자이나교에 가까웠음을 알 수 있다. 특히 업보윤회에 관해 초기 자이나교와 비교해 볼 때 한 가지 중요한 점에서만 차이가 날 뿐이다.

높은 수준의 자이나교 수행자들이 추구했던 두 가지 목표를 상기해 보자. (1) 부동의 고행이라는 수단을 통해 모든 육체적·정신적 활동을 삼가는 것과 (2) 이 부동의 고행으로 야기된 고통을 통해 과거의 숙업을 없애는 것이다. 고행은 이런 식으로 이중적 역할을 했다.

아지비까 추종자들은 한 가지를 제외한 모든 핵심 사항에서 자이나교도들과 의견이 일치한다. 그들 또한 육체적·정신적 모든 행위는 과보를 초래하며, 일반적으로 내세에 받는다고 생각했다. 또 내생의 씨앗을 지금 만들어 내지 않는 유일한 방법은 모든 행위를 통제하는 것이라고 결론을 냈다. 그러나 그들은 그런 철저한 부동화에 반드시 수반되는 고통이 과거에 행한 행위의 흔적을 소멸시킨다고는 믿지 않았다.

그들의 딜레마는 분명했다. 이전 행위의 흔적을 소멸시킬 방법이 없는데 어떻게 업보윤회로부터 자기를 해방시킬 수 있는가? 답은 간단했다. 불가능하다. 해탈은 강압적으로 될 수 있는 것이 아니며, 이전 행위의 흔적도 강제될 수 있는 것이 아니다. 자연적으로 발생한 업의 결과는 한 번 생기고 나면 그 흔적이 저절로 없어질 것이다. 그러나 그렇게 될 때 또 다른 새로운 행위가 이루어져 있을 것이고, 이 또한 그 업의 결과가 생길 때까지는 없어지지 않을 자기의 흔적을 남길 것이다. 이렇게 세세생생 이어질 것이다.

자이나교와 아지비까 간에 그리 중대하지 않은 이론적 차이 하나가 실천에 있어서는 주요 차이점으로 드러나게 되었다. 요컨대 자이나교는 윤회하는 삶에 종지부를 찍을 수 있는 방법이 있다고 가르쳤던 반면, 아지비까는 그런 방법이 없다고 했다. 아지비까는 모든 개개인이 벗어날 수 없는 어떤 고정된 패턴에 따라 생과 사를 반복한다고 말한다. 따라서 일반 아지비까 추종자는 엄격한 결정론이나 숙명론까지 믿게 되었지만 이것은 윤회로부터의 자유라는 최고의 목표에 이르게 하는 그 어떤 방법도 제공하지 않았다.

문헌이 남아 있지 않은 관계로 아지비까에 대한 정보에는 확실히 한계가 있다. 하지만 불교경전에는 아지비까 교리에 관한 수수께끼 같은 문장이 남아 있고, 자이나교 경전을 통해 그 핵심 사항도 확인된다. 관련 내용을 바샴(A.L. Basham, 13)은 다음과 같이 옮긴다.

생류의 죄에는 원인도 근거도 없으며, 그들은 원인도 근거도 없이 죄가 있게 된다. 생류의 순결함에는 원인도 근거도 없으며, 그들은 원인도 근거도 없이 순결하게 된다. 자신 또는 타인에 의해 행해진 행위는 없으며, 인간의 행동도, 힘도, 용기도, 인간의 인내나 인간의 위용도 없다. 모든 존재, 즉 호흡이 있는 모든 것, 태어나는 모든 것, 생명이 있는 모든 것은 힘이나 위력, 성품이 없지만 운명, 우연 및 본성에 의해 개발되어 존재의 여섯 계층에서 기쁨과 슬픔을 겪는다. 140만 주요 태생 … 그리고 840만 깔빠(kalpa, 겁)에 걸쳐 어리석거나 현명한 이들 모두 자신의 행로를 따라 슬픔에 종지부를 찍을 것이다. 덜 익은 업의 결실을 보게 한다거나 복덕의 행위, 서원, 고행 또는 청정행에 의해 이미 숙성된 업이 소진되는 일은 없다. 그것은 가능하지가 않다. 마치 용기로 재듯이 윤회(saṃsāra)는 기쁨과 슬픔 그리고 약속된 결말로 측정된다. 그것은 줄이거나 늘릴 수 없으며, 과잉이나 결핍도 없다. 마치 공을 감은 실꾸리가 던져졌을 때 전체 길이로 풀리듯이 어리석거나 현명한 이들 모두 자신의 행로를 따라 슬픔에 종지부를 찍을 것이다.

이 대목에는 이해하기 어려운 부분이 포함되어 있어서 그 가운데 일부를 제외하고 여기에 인용했다. 그럼에도 아지비까의 핵심 포인트는 위에 분명하게 나타나 있다. 업보를 치르는 것 말고는 그 어떤 수단으로도 과거의 업을 없앨 수 없다는 것이다.

하지만 먹구름에도 은빛 가장자리 선이 있듯이 아지비까의 윤회 개념에도 끝이 없는 것은 아니다. 그것은 840만 깔빠라는 엄청나게 긴 시간에 걸쳐 진행된다고 한다. 한 깔빠가 수백만 년에 해당한다고 하니, 완전한 한 주기 전체의 년 수는 천문학적이다.(때로는 43억 2천만 년 지속되는 기간이 1깔빠로 여겨진다. 이 경우 840만 깔빠는 35경(35×10^{15}) 년 이상에 해당하는 것으로서 우주의 나이에 대한 현대 천문학의 추정치인 137억(13.7×10^9) 년에 '불과한' 것보다 훨씬 길다.) 어쨌든 끝은 있는데, 그 끝에 다다른 사람들은 어떻게 행동할까? 자이나교를 통해 알게 된 답은 분명하다. 그 사람들은 부동의 고행을 할 것이다. 해탈에 이르기 위해서가 아니라 해탈을 앞두고 있기 '때문'이다. 미세한 차이가 있기는 하지만 이런 모습은 다른 종교에서도 볼 수 있다. 칼뱅주의자들은 구원받기 위해서가 아니라 구원받을 운명이기 때문에 도덕적인 삶을 산 것이라고 주장한다.

자신의 목표가 임박했다는 확신 때문에 고행을 했던 사람들에 의해 아지비까는 설해졌다. 그들은 사람들을 개종시키는 데 성공했지만 대부분의 개종자들은 고행자가 되기보다는 엄격한 결정론적 세계관을 받아들이는 선에 머물렀다. 뒤에서 살펴보겠지만 개개인이 속해 있거나 속해야 하는 고정적 지위가 점차 더 강조되는 사회에서는 그러한 세계관이 잘 맞을 수 있다. 아지비까 문헌이 하나도 남아 있지 않은 관계로 우리는 이에 대해 확실하게 알 수 없으며, 앞으로도 아마 그럴 것이다. 그러나 우리는 다른 자료(기원전 1세기로 거슬러 올라가는 유명한 산스끄리뜨 서사시 『마하바라따』를 포함)들이 아지비까라는 명칭과 연계시키지는 않더라도 다양한 형태의 숙명론을 숙지하고 있었다는 점을 들여다볼 것이다.

마지막으로 아지비까가 말하는 숙명론을 근접해서 살펴볼 필요가 있다. 그들의 교리가 이치에 맞으려면 이전 행위가 현재를 완전히(또는 거의 완전히) 결정짓는다고 가정해야만 한다. 이전 행위가 우리의 현재 행위를 결정하며, 그것이 순차적으로 다음 생의 운명을 결정한다는 식이다. 과거로부터 쌓인 까르마의 압박에 저항할 수 있는 위치에 있지 않기 때문에 우리는 그로부터 벗어날 수 없다. 이런 식으로 연속되는 모든 생과 재생은 그 시작에서부터 결정되었고, 거쳐갈 생의 수와 삶의 내용도 정해져 있다고 말할 수 있다.

이 과정에서 전생의 행위가 주된 역할을 한다고 해도 내생의 모든 세부 사항까지 다 결정한다는 믿음에 어떤 논리적 필연성이 있는 것은 아니다. 우리는 업력의 막강한 영향 하에 있으면서도 이에 저항하고 본인의 판단에 따라 행동하기로 결심하는 사람의 모습을 쉽게 떠올릴 수 있다. 인도의 많은 종교 사상가들은 실제로 이런 입장이었으며, 이전 행위에 의해 전적으로 결정된 것이 아닌 다른 방식으로도 행할 수 있는 약간의 자유를 개인에게 남겨 두었다. 그럼에도 결정론적 기류는 여전히 강력하며, 초기 문헌에서 다양하게 표현되고 있음을 볼 수 있다. 뒤에서 『바가바드기타(Bhagavadgītā)』에 관해 논의하면서 그 예를 살펴보기로 한다.

자아에 대한 지식

초기 자이나교에서 볼 수 있는 까르마의 본질에 대한 분명하고도 직접적인 이해는 다른 데서도 볼 수 있는데, 같은 개념과 그에 따른 문제에 대해 또 다른 해결책이 제시되었다. 이를 이해하려면 여기에서도 업보를 육체와 정신의 모든 활동과 연관된 것으로 보아야 한다. 그리고 이 경우에도 윤리적 문제는 핵심 사안이 되지 않는다.

초기 자이나교도가 직면했을 수 있는 다음과 같은 이견에 대해 생각해 보자. "자이나교도 당신들은 선행이든 악행이든 자신의 모든 행위가 내생을 결정한다고 바르게 이해하고 있다. 그러나 당신이 하는 수행은 몸과 마음의 활동을 억지로 멈추려는 것이다. 그렇게 함으로써 당신은 몸과 마음을 당신 자신과 동일시하고 있다. 몸과 마음이 하는 일을 곧 자기 자신이 하는 일이라고 여기는 듯하다. 그런데 어떻게 당신이 당신의 몸과 마음이라고 확신할 수 있는가?"

이런 식으로 비판하는 자는 사실 자신의 진정한 본성에 대한 자기만의 사유가 있다. 그는 자신을 자기의 몸이나 마음과 동일하다고 간주하

지 않고, 진정한 자아는 이 둘과 다르다고 확신한다. 또한 진정한
자아는 몸이나 마음과 다를 뿐만 아니라 결코 활동하지 않는다고
생각한다. 그리고 본질적으로 비활동적이기에 심신의 행위에 의해
영향을 받지 않는다. 몸과 마음의 행위는 분명히 업보윤회의 순환을
지속케 한다. 이는 자신의 진정한 본성에 관해 무지하기 때문에 일어나
는 일이다. 그러나 진정한 자아 고유의 비활동적 성격에 대한 지식이
획득된다면 상황은 달라진다. 완전히 깨닫고 나면 이로써 그 사람은
모든 업보로부터 해방된다. 아직 받지 않은 업보들도 다 무효가 되는
것이다.

여기에서 자아(self)라고 하는 것의 실체는 다른 문화에서 지칭하는
것과 전혀 다르다는 점에 유의해야 한다. 인도에서 자아를 지칭하는
용어 중 하나(유일하지는 않지만)는 아뜨만(ātman)이다. 영어로 "He
gave himself a holiday(그는 자신에게 휴가를 주었다)"에서 'self'와 마찬
가지로 아뜨만은 재귀 대명사이다.(또는 그렇게 사용할 수 있다.) 영어에
서는 'self'가 비활동적인 실체라고 전혀 생각되지 않음에도 불구하고
이러한 맥락에서 이 단어가 쓰였던 것이다. 어떤 번역가들은 'soul(영
혼)'과 같은 단어를 더 선호하지만 오히려 오해의 소지가 있어 보인다.
어떻게 번역이 되었든 그것은 현대 서구사회에서 통용되는 개념과는
완전히 다르다는 것에 유의해야 한다.(기독교 영지주의에서 약간이나마
이와 유사한 것이 발견된다. 이 책의 말미에 있는 "최종 논평"을 참조하라.)

자아의 진정한 본성에 대한 지식은 인도의 종교사상에서 자주 되풀
이되는 주제로서, 이러한 자아는 다양한 방식으로 생각되었다. 어떤
이들은 이것을 순수의식이라고 생각했고, 다른 이들은 지복至福을

추가했으며, 또 다른 이들은 둘 다 아니고 진정한 자아는 돌처럼 의식이 없다고 했다. 그러나 모두가 의견의 일치를 본 한 가지가 있으니, 진정한 자아는 결코 활동하지 않는다는 것이다. 이 점이 중요한 이유는 바로 이 점으로 인해 자아에 대한 지식이 업보윤회의 순환에서 벗어나는 전제조건으로 바뀌었기 때문이다.

  까르마에서 벗어나고 싶지만 자이나교도들의 극단적 고행은 주저되던 사람들이 이러한 자아의 개념을 창안했다고 의심할 수도 있다. 인도에서는 이러한 자아의 개념이 거의 전적으로 업보윤회사상과 관련해서만 발견된다는 것은 사실이다. 그러나 상당히 유사한 자아관이 세계의 다른 종교에서 업보윤회사상과는 상관없이 발견된다. 여기서는 이에 관해 논하는 것이 적절하지 않다. 다만 그런 것이 있다는 사실 자체가 단정적인 결론을 너무 성급하게 내리지 말라는 경고라고 봐야 할 것이다. 부동의 고행이라는 고난을 피하고 싶었던 구도자들이 비활동적 자아라는 개념을 발명했을 가능성은 거의 없어 보인다. 반대로 진정한 자아는 본질적으로 비활동적이라고 보는 사람들이 업보윤회사상을 창안했다고 보는 것도 정당하지 않다. 이런 종류의 사상은 자신의 이익을 따지는 영리한 책략가에 의해 '창안'되지 않는다. 그럼에도 불구하고 이 논의와 관련된 서로 다른 개념들—업보, 비활동적 자아, 영적 수행으로서의 부동의 고행—이 동류임을 알 수 있다. 이러한 사실은 인도에서 까르마라는 개념이 함축하는 모든 것과 그 발생 배경을 알아내는 데 큰 도움은 되지 않지만, 이러한 사상을 마치 물품 교역하듯이 한 문화에서 다른 문화로 옮길 수 있는 것으로 보는 지나친 단순 논리에 빠지지는 않게 해준다.(이런 개념들의 공존에 관한 추가 고찰은 이 책 맨 뒤에서 볼 수 있다.)

비활동적 자아라는 개념은 인도에서 엄청난 인기를 끌게 된다. 대부분의 브라만계 철학은 이를 채택했으며, 그들의 존재론도 이 개념을 중심으로 형성된 이론체계로 간주된다. 이에 대해서는 다음 장에서 폭넓게 다루어질 것이다. 여기에서는 자이나교가 흥기한 같은 지역에서 발생한 또 다른 신흥종교로 이동하여 그들이 업보윤회사상을 어떤 식으로 수용했는지 먼저 알아보도록 한다.

불교

아지비까는 자이나교를 그 배경으로 대비해야만 이해될 수 있는 반면, 불교를 이해하기 위해서는 자이나교와 해탈을 위해 자아에 대한 지식의 역할을 강조했던 당시의 사상적 조류 이 둘 모두를 알아야 한다.

초기불교는 이 둘을 모두 거부했다. 해탈을 성취하는 방법으로서의 부동의 고행을 거부했으며, 자아의 진정한 본질에 대한 지식 또한 거부했다. 이 둘 모두 거부할 수 있었던 것은 까르마 곧 업보에 대해 다른 개념을 받아들였기 때문이다. 초기불교에 있어서 윤회의 원인은 행위가 아니라 욕망이다. 사실 초기불교 문헌에서 까르마와 그 유사 용어들이 확연하게 이런 특정 의미로 쓰였던 것은 아니다. 불교의 가르침은 네 가지 성스러운 진리〔사성제四聖諦〕로 요약된다. 즉 괴로움이라는 성스러운 진리〔고성제苦聖諦〕, 괴로움의 원인이라는 성스러운 진리〔집성제集聖諦〕, 괴로움의 소멸이라는 성스러운 진리〔멸성제滅聖諦〕그리고 괴로움의 소멸로 이끄는 길이라는 성스러운 진리〔도성제道聖諦〕

이다. 이 사성제는 『상윳따 니까야(Saṃyutta-nikāya)』(V 421-422)에
다음과 같이 설명된다.

이것이 '괴로움'이라는 성스러운 진리이다. 생生이 괴로움이고,
노老가 괴로움이며, 병病이 괴로움이고, 사死가 괴로움이며, 사랑
하지 않는 이와의 만남이 괴로움이고, 사랑하는 이와의 이별이
괴로움이며, 욕구하는 바를 얻지 못함이 괴로움이고, 요컨대 집착
이 있는 다섯 쌓임〔오취온五取蘊〕이 괴로움이다.
이것이 '괴로움의 원인'이라는 성스러운 진리이다. 그것은 다시
태어나게 하고, 즐거움·탐욕과 함께 하며, 여기저기에서 즐기는
갈애이다. 즉 욕망에 대한 갈애〔욕애欲愛〕이고, 존재에 대한 갈애〔유
애有愛〕이며, 비존재에 대한 갈애〔무유애無有愛〕이다.
이것이 '괴로움의 소멸'이라는 성스러운 진리이다. 그것은 바로
갈애를 남김없이 소멸하고, 버리며, 떨쳐버리고, 벗어나며, 집착
하지 않는 것이다.
이것이 '괴로움의 소멸로 이끄는 길'이라는 성스러운 진리이다.
그것은 성스러운 여덟 가지 길〔팔정도八正道〕이다. 즉 바른 견해〔정
견正見〕·바른 사유〔정사유正思惟〕·바른 말〔정어正語〕·바른 행위〔정
업正業〕·바른 생계〔정명正命〕·바른 정진〔정정진正精進〕·바른 알아
차림〔정념正念〕·바른 삼매〔정정正定〕를 말한다.

이로부터 불교가 업보의 개념을 심리학적으로 정립했다는 것을
분명히 알 수 있다. 실제로 초기불교 문헌인 『담마빠다(Dhammapada)』

(1.1-2, 법구경法句經)는 다음과 같이 설명한다.

모든 것은 생각으로 이끌리고 생각으로 통제되며 생각으로 만들어진다. 만일 악한 생각으로 말하고 행동한다면 마치 바퀴가 소의 발을 따르듯이 괴로움이 그를 따를 것이다.
모든 것은 생각으로 이끌리고 생각으로 통제되며 생각으로 만들어진다. 만약 선한 생각으로 말하고 행동한다면 마치 그림자가 떠나지 않듯이 행복이 그를 따를 것이다.

경우에 따라서는 까르마가 의도와 동일시되기도 한다.

불교경전

베다 문헌과는 별개로, 불교경전은 남아시아의 최초기 문헌 가운데 일부를 보존하고 있다. 불교 전통에서는 이들 문헌 다수를 붓다가 설한 것으로 본다. 하지만 이런 주장은 조심스럽게 다루어져야 한다. 불교경전이 지금 우리가 아는 형태로 정착되기까지 많은 시간이 걸렸기 때문이다.
불교경전은 세(tri) 바구니(piṭaka)로 구성되어 있기 때문에 삼장(三藏, Tripiṭaka)이라는 이름으로 알려져 있다. 이 세 바구니 중 하나인 율장(律藏, Vinaya-piṭaka)은 붓다가 제정한 승가의 계율(vinaya)을 담고 있다. 두 번째 바구니인 경장(經藏, Sūtra

﹁piṭaka)은 붓다 혹은 가끔씩 그의 제자에 의해 설해진 담화(sūtra)를 담고 있다. 마지막 세 번째 바구니는 논장(論藏, Abhidharma﹁piṭaka)이라 불리는데, 보다 후대에 속하는 불교학문의 한 형태인 아비다르마(abhidharma)를 다루기 때문이다. 오직 두 번째 바구니인 경장만 초기불교의 가르침에 관한 자료를 제공한다. 경장은 그 내부 배열이나 특정 경의 내용으로 볼 때 이미 불교에서 중요시하는 항목들을 목록화하는 경향을 보이고 있다. 이 목록은 이후 논장에 나타나는 학문적 발전과 더불어 체계적인 불교철학이 창출되는 기반이 되었다.(뒤의 "아비다르마불교와 인도철학의 발단"이라는 제목의 글상자를 보라.)

붓다의 생존 시기는 정확히 알려져 있지 않지만 최근의 많은 연구는 기원전 400년 전후 몇 십 년 무렵에 붓다가 입멸한 것으로 보고 있다. 반면 불교경전은 그 후 몇 세기가 지나서야 최종 형태를 갖추게 되며, 기원후 초반 몇 세기 동안에도 첨삭가필이 있었을 것으로 본다. 최초의 필사본은 스리랑카에서 기원전 1세기에 이루어졌다.

초기불교도들은 그들의 문헌을 그들이 살았던 지역의 언어로 구전을 통해 전승했다. 이에 따라 인도아대륙의 다른 지역에 있던 불교도들도 다른 언어로 자신들의 문헌을 보존했던 것이다. 예를 들어 스리랑카의 불교도들은 최근 몇 세기에 이르러서야 서구에 알려진 언어인 빨리(Pāli)어로 그들의 문헌을 보존했는데, 그들은 이 언어를 붓다가 설법했던 지역인 마가다의 언어인

마가디(Māgadhī)로 알고 있었다. 학자들은 빨리어가 실제로는 인도 서부의(따라서 동쪽에 위치한 마가다에서 유래하지 않은) 언어라는 것을 밝혀낼 수 있었는데, 의심의 여지없이 스리랑카는 인도 서부로부터 불교를 받아들였기 때문이다. 빨리어로 된 삼장은 전체가 통합된 형태로 보존되어 있다.

인도아대륙의 불교도들은 기원후 1~2세기부터 산스끄리뜨어를 채택하여 불교경전을 번역했다. 그에 따라 초기불교 문헌 일부는 산스끄리뜨어로도 살아남았다. 불교는 인도아대륙에서 기원후 1000년이 지나 곧 사라졌기 때문에 현존하는 경전이 별로 없다. 다행히 기원후 초반부터 지속된 불교의 중국 전파로 인해 다양한 불교 문헌이 한자로 번역되었다. 그에 따라 인도불교 학파 소속의 문헌들이 한자로 남게 되었다.

불교도들은 행위의 지멸이 아닌 욕망의 뿌리를 완전히 제거함으로써 윤회를 막을 수 있다고 믿었다. 욕망의 뿌리를 제거하는 것은 행위를 멈추는 것과는 다르다. 따라서 불교의 방식은 자이나교의 방식과는 완전히 달랐다. 해탈을 추구하는 불교도들은 부동의 고행을 실천하기보다는 그들 자신에게서 심리적 변화를 이끌어 내도록 노력했는데, 이는 그러한 노력에 도움이 되도록 고안된 실천 수행법을 통해서 가능한 것이었다.

불교도들의 업보에 대한 이런 상이한 개념으로 볼 때, 자아의 진정한 본성이 비활동적이라는 지식 또한 별로 도움이 되지 않는다. 고古문헌에 나타난 교설 방식은 안타깝게도 후대의 많은 불교도들뿐만 아니라 현대의 학자들까지 잘못 이해하게 만들어 이 내용들이 해탈을 얻는 데 있어서의 자아의 역할에 관한 것이 아니라 자아의 존재를 부정하는 것이라고 생각하게 되었다.

경전 내에 비중 있게 빈번히 등장하는 내용으로 붓다가 기존의 자아 개념에 대응하여 제시한 것은 인간 개인을 구성하는 요소로서의 다섯 쌓임인 오온(五蘊, pañca-skandha)이다. 즉 (1) 몸/물질(rūpa, 색色), (2) 느낌/감수작용(vedanā, 수受), (3) 생각/표상작용(saṃjñā, 상想), (4) 의도/형성작용(saṃskāra, 행行), (5) 의식/식별작용(vijñāna, 식識)을 말한다. 붓다는 이에 대해 『상윳따 니까야』(III 66-68)에서 다음과 같이 설했다.

"몸은 자아가 아니다. 만약 몸이 자아라면 몸은 괴로움을 야기하지 않을 것이고, '내 몸은 이러저러 해라, 이러저러 하지 마라'라고 말할 수 있어야 하기 때문이다. 그러나 몸이 자아가 아니기 때문에 몸은 괴로움을 야기하고, '내 몸은 이러저러 해라, 이러저러 하지 마라'라고 말할 수 없는 것이다.

느낌은 자아가 아니다. … 생각은 자아가 아니다. … 의도는 자아가 아니다. … 의식은 자아가 아니다. 의식이 자아라면 의식은 괴로움을 야기하지 않을 것이고, '의식은 이러저러 해라, 이러저러 하지 마라'라고 말할 수 있어야 하기 때문이다. 그러나 의식은 자아가 아니기 때문에 의식은 괴로움을 야기하고, '의식은 이러저러 해라, 이러저러 하지 마라'라고 말할 수 없는 것이다.

"어떻게 생각하는가, 비구들이여, 몸은 영원한가, 영원하지 않은가?"

"영원하지 않습니다, 세존이시여."

"영원하지 않은 것은 괴로움인가, 즐거움인가?"

"괴로움입니다, 세존이시여."

"영원하지 않고, 괴로움이며, 변하는 것을 '이것은 나의 것이고, 이것은 나이며, 이것은 나의 자아다'라고 여기는 것이 합당한가?"

"아닙니다, 세존이시여."

"느낌은 영원한가, 영원하지 않은가? … 생각은 영원한가, 영원하지 않은가? … 의도는 영원한가, 영원하지 않은가? … 의식은 영원한가, 영원하지 않은가?"

"영원하지 않습니다, 세존이시여."

"영원하지 않은 것은 괴로움인가, 즐거움인가?"

"괴로움입니다, 세존이시여."

"영원하지 않고, 괴로움이며, 변하는 것을 '이것은 나의 것이고, 이것은 나이며, 이것은 나의 자아다'라고 여기는 것이 합당한가?"

"아닙니다, 세존이시여."

"그러므로, 비구들이여, 몸·느낌·생각·의도·의식을 '이것은 나의 것이 아니고, 이것은 내가 아니며, 이것은 나의 자아가 아니다'라고 실제로 있는 그대로 보아야 한다."

이 인용문은 자아에 대한 명확한 개념을 보여주고 있다. 그것은 영원하며, 지복이고, 불변이다. 따라서 해탈을 얻는 데에 있어서 자아에 대한 지식이 결정적이라고 생각했던 사람들이 알고 있던 자아의 두 가지 특징인 영원과 불변을 공유하고 있다.(어떤 이들은 지복을 이 자아의 특성에 추가하기도 한다.) 불교 문헌에서는 이러한 개념이 이미 인지된 것으로 나오지만 자아에 대한 이러한 지식을 중요하게 여기지는 않는다. 위의 인용문은 이러한 성격의 자아에 대한 유무를 언급하지 않으며, 이는 여타 경전에서도 마찬가지다. 이러한 자아의 존재에 대해서는 침묵으로 일관하지만 자아에 대한 지식이 가지는 구원론적 의미는 확실히 거부되고 있다.

만약 불교가 업보윤회로부터 벗어날 수 있는 수단으로 부동의 고행과 자아의 진정한 (비활동적) 본성에 대한 지식 양자를 모두 거부했다면, 해탈은 가능하다고 보았을까? 아지비까라면 방법이 따로 없었으니, 구도자들에게 상상할 수 없이 긴 시간 동안 기다려야 한다고 조언할 수 밖에 없었을 것이다. 불교도 아지비까처럼 두 방법을 모두 거부했는데, 그렇다면 추종자들에게 모든 희망을 버리라고 했을까?

불교는 나름의 방법을 가지고 있었다. 불교의 업보사상을 보면 그 방법이 어떤 것일지 짐작할 수 있다. 욕망은 윤회의 원인이기 때문에 윤회로부터의 해탈은 욕망의 소멸을 통해 얻을 수 있다. 그러나 욕망은 심리적 현상이다. 욕망의 소멸을 욕망의 억제와 동일시해서는 안 된다. 억제는 자이나교도에게 있어 고행의 특징이다. 욕망과 관련해서 불교는 더 깊이 파고 들어간다. 불교는 욕망의 소멸로 가는 길을 가르치며, 또 그렇게 주장한다.

어떻게 자신의 욕망을 소멸시키는가? 이것은 어떻게 행위를 멈추는가 라는 질문보다 (적어도 이론적으로는) 답하기 더 어렵다. 행위를 멈추는 것은 극단적으로 실천하기 어려울지 모르지만 간단명료하다. 반면 어떻게 자신의 욕망을 소멸시키는가 하는 것은 이론만으로도 분명하지가 않다. 그럼에도 욕망의 소멸은 불교 가르침의 핵심이다. 고대의 불교경전이 바로 이 욕망의 소멸이라는 궁극적인 목표를 위한 다양한 심리적 수련을 핵심 내용으로 하고 있다는 것은 그리 놀랄 일이 아니다.

붓다가 가르친 길은 분명히 심리적인 길이다. 이 길을 따르는 이들은 여러 다른 종류의 심리적 수행을 하게 된다. 고대 경전의 어떤 부분은 다른 경전과는 다소 거리가 있는 특정 수행에 대해 집중적으로 다루고 있는데, 단번에 그 방법 전반에 대한 윤곽을 잡기는 쉽지 않다. 다행히 그 방법에 대해 처음부터 끝까지 완전하게 묘사하는 상대적으로 긴 문장이 문헌들에서 여러 차례 나온다. 누군가가 붓다의 가르침을 경청한 후 그에 확신을 갖고 그대로 따르기로 결정하는 단계가 설명되어 있다. 그는 사회를 떠나 집중을 방해하는 모든 교류를 끊고 평정과 지족을 계발한다. 이는 다음 과정의 시작에 불과한데, 그렇게 평정과 지족을 계발하고 갈등의 원인을 제거한 후 그가 하는 모든 일에 대해 알아차림을 수행한다. 산스끄리뜨어로 스므리띠(smṛti), 빨리어로 사띠(sati)로 알려져 있는 이 수행법은 이후 수행자의 매 순간의 낱낱의 일들과 함께 하게 된다. 사실 이것은 (산스끄리뜨어로 디야나(dhyā-na), 빨리어로 자나(jhāna)라고 하는) 명상[선禪]의 바탕이자 조건이 된다. 이 명상은 네 단계로 이루어지는데, 세상과의 완전한 분리로 시작하며, 완전한 평정과 더욱 깊은 몰입의 상태를 특징으로 한다. 하지만 명상 그 자체만 가지고 목표에 이를 수 있는 것은 아니다.

욕망 또는 욕망의 근원인 '번뇌'의 소멸은 가장 깊은 몰입 상태에서 일어난다. 명상수행자가 가장 깊은 이 몰입 상태에서 정확히 무엇을 하는지 이들 문헌에 잘 나타나지 않지만 그의 집중된 마음이 결국 '번뇌'의 제거로 향하게 하는 것은 분명하다. 일단 이것이 성취되고 나면 명상수행자는 그가 성공했고 해탈했으며 괴로움의 끝에 이르렀다는 것을 안다.

명상수행이 어떻게 그리고 왜 업보윤회의 종말로 이어지는가라는 의문이 생기는 것은 당연하다. 부동의 고행과 윤회로부터의 해탈 사이의 연결 고리와는 달리 명상수행과 해탈 사이의 연결 고리는 자명하지 않다. 연결점은 바로 욕망이다. 어떤 사람이 자신의 심리적 성향을 바꾸고 싶다면 심리적 방법을 쓰는 것이 맞을 것이다. 업보를 초래하는 힘이 바로 욕망이기 때문에 욕망이 소멸하면 윤회로부터의 해방된다. 그렇다면 명상수행과 욕망의 소멸 사이의 연결 고리는 그것이 실제이든 상상이든 간에 개연성이 있다.

그렇다 쳐도 업보의 원인이 행위가 아니라 욕망이라는 믿음은 명확하게 와 닿지 않는다. 심리치료 식의 처방도 모든 행위를 멈추는 방식처럼 단순하거나 단도직입적이지 않다. 그렇기 때문에 불교 측에서는 왜 욕망이 업보로 이어지는지를 분명하게 설명해야 했다. 더군다나 초기 개종자 가운데는 붓다의 탁월함을 인정하면서도 업보와 업보의 소멸에는 각각 행위와 행위의 억제가 핵심 역할을 한다고 믿는 자들이 많았던 것 같다.

이 두 가지 요소로 인해 다음과 같은 중대한 상황이 전개된다. 불교는 성립 초기부터 외부의 영향을 많이 받았는데, 주로 자이나교가 속해 있던 환경으로부터이다. 이로 말미암아 초기불교 문헌에서는 똑같은 고행이 때로는 비판받기도 했고 때로는 처방되기도 했다. 또 정신활동의 완전한 지멸止滅을 주된 목적으로 하는 수행 과정이 때로는 거부되기도 했고 때로는 권장되기도 했다. 요지는 불교가 전혀 다른 사상적 조류에 속한 요소들을 통합한다는 것이다. 좀 더 자세히 살펴보자.

우리는 초기불교가 대마가다(Greater Magadha)의 여타 신흥종교와 는 다양한 면에서 구별된다는 것을 알고 있다. 특히 까르마에 대한 관념이 다르며, 그 결과 가르치는 해탈도도 다르다. 불교의 방식은 수행하기 수월할지 몰라도 이해하기는 매우 어렵다. 사실 윤회를 끝내는 데 왜 복잡한 정신수행이 있어야 하는가? 윤회가 까르마에서 비롯된 것이라면 이를 끝내는 것도 까르마, 즉 행위를 억제함으로써 가능할 것이며, 그것이 모든 육체적·정신적 활동의 억제이든 존재의 핵심인 자아가 결코 행위하지도 않으며 행위할 수도 없음을 깨닫는 것이든 상관없을 것이다. 그러나 초기불교는 그 어느 것도 가르치지 않는다. 붓다의 가르침을 접한 초기 청중들 가운데는 혼란스러움을 넘어 문제점과 해결책 사이의 연관성을 이해하지 못한 이들도 꽤 있었을 것이다.

불전에는 이런 혼란의 흔적이 다분히 남아 있다. 사실 상당수의 상호 모순적인 계율들이 불전에 포함되어 있는데, 이들은 모두 붓다로 부터 비롯된 것이다. 붓다의 가르침과 상반되는 것들이 어떻게든 경전에 편입된 것으로 결론지어야 할 정도로 계율에는 이렇게 상호 모순적인 요소가 많다. 그리고 '모든 행위의 억제' 또는 '자기 존재의

핵심이 비활동적'이라는 점이 중시되었던 대마가다의 새로운 종교운
동에 그러한 이질적인 계율들이 속해 있었음을 한 차례 이상 확인할
수 있다.

다른 종교에서 진정한 자아의 비활동적 본성에 대한 지식이 업보로
부터 해방되기 위한 필수 (어쩌면 충분) 조건이었음을 앞에서 살펴보
았다. 앞에 언급된 내용처럼 불교는 이런 입장을 거부한다. 인간을
구성하는 다섯 가지 주요 요소〔오온五蘊〕 중 그 어떤 것도 그러한 자아가
아니라고 한다. 그러나 또 다른 문장에서는 (활동적인) 인간의 그러한
모든 구성요소들이 자아가 아니라고 하는 지식이 해탈의 조건이 된다
고 강조함으로써 이 모든 것을 돌려놓았다. 이와 같이 비불교도들의
해탈로 이끄는 자아에 대한 지식은 똑같은 이유로 해탈로 이끄는
비아非我에 대한 지식이 되었다. 즉 〔자아를〕 인간의 활동적인 측면과
동일시하지 않는다는 것이다. 여기에서 우리는 불교측에서 거부되었
던 비불교도의 교리가 다소 수정된 형태로 불교 전통에 편입되는
것을 보게 된다.

행위의 중지가 해탈의 전제조건이라는 비불교도의 생각 또한 특정
불교도들에게는 꽤 매력적이었을 것이다. 그런 성격의 수행이 불전
내에 길을 텄다는 사실에서 이것은 분명하다. 이들 수행의 대부분은
마음이나 감관의 부동화와 관련이 있다. 어떤 곳에서는 만약 감관의
부동화가 목적이라면 장님과 귀머거리가 이 수행을 하는 것과 같은
것이 아니냐며 붓다가 일침을 가하는가 하면, 다른 곳에서는 벼락이
떨어져 주변 사람들과 동물들이 죽었는데도 폭풍우 속에서 아무것도
인지하지 못하면서도 우쭐대는 것과 같다고 조소했다.

이러한 모순적 사례는 쉽게 발견되는데, 이는 불전 내의 이질적인
요소들을 확인하는 데 도움을 준다. 예를 들어, 자이나교의 고행 방법은
'새로운 행위의 불이행'과 '고행에 의한 이전 행위의 소멸'로 특징지어졌
는데, 붓다는 이러한 방식을 거듭 비판한 것으로 기술되어 있으며,
어떤 경우에는 심지어 웃음거리로 만들기도 한다. "만약 중생이 느끼는
즐거움과 괴로움이 과거의 행위로 야기되었다면 자이나교도들은 확실
히 과거에 나쁜 행위를 했을 것이다. 왜냐하면 그들은 지금 이와
같이 괴롭고, 고통스러우며, 꿰뚫리는 느낌을 받기 때문이다." 하지만
경전 다른 곳에서는 그 반대로, 청중에게 새로운 행동은 취하지 말고
이전 행동은 다 닳아 없어지게 하라고 권한다. 여기에서는 자이나
방법이 비난의 대상이 아니라 붓다가 가르친 방법으로 묘사되는 셈이
다. 이런 고유하지 않은 수행법이 불전에 도입된 것은 어쩌면 불교와
자이나교의 방법의 차이를 충분히 파악하지 못한 추종자들에 의한
것일지도 모른다.

이런 이질적인 요소 가운데 가장 중요한 것은 아마도 어떤 때는
거부되기도 하고 어떤 곳에서는 깨달음에 필수적인 것으로 간주되는
특정 명상일 것이다. (고유의 것으로 추정되는) 대부분의 경문은
네 가지 명상〔사선四禪〕을 언급하는데, 이것을 산스끄리뜨어로는 디야
나(dhyāna), 빨리어로는 자나(jhāna)라고 한다. 다른 경들에서는 디야
나 또는 자나가 아닌 전혀 다른 명칭의 보다 더 상위의 단계들이
추가된다. 보통 다섯 가지인데, 이 가운데에는 무소유처無所有處와
비상비비상처非想非非想處가 있으며, 그 정점에는 상수멸想受滅이 있
다. 이들은 명칭에서도 알 수 있듯이 디야나 또는 자나로 불리는

단계와는 달리, 생각과 그 밖의 다른 정신적 활동의 억제를 강조하고 있다. 완전한 정신적 활동의 억제라는 이 목표는 보다 보편적인 목표로서 자이나교와 어쩌면 대마가다의 다른 비불교적 고행과도 관련이 있다. 디야나 또는 자나와는 달리 이들은 (번뇌의 소멸과 같은) 더 고차원적인 목표로 이끌지 않는다. 이들 명상 단계도 외부로부터 불교경전 내로 편입되었으며, 붓다의 고유한 가르침이 아니라는 것은 거의 확실한데, 내가 아는 단 한 번을 제외하고는 붓다의 깨달음과 관련해 언급된 적은 없다. 이들은 붓다의 입멸 설화에 등장하는데, 그에 따르면 붓다는 최종적으로 네 번째 디야나 곧 제사선第四禪에서 입멸하기 전, 네 단계의 디야나와 다섯 단계의 추가 상태를 모두 거쳤던 것으로 알려져 있다.

불교는 또 다른 질문에도 답해야 했으니, 욕망은 왜 까르마적 결과를 가져오는가에 대해 논리적으로 합당하게 설명해야 했다. '연기緣起'의 열두 지분支分이 그 역할을 하는 것으로 보통 간주되지만 이 지분들은 모호한 측면이 있다(경전에도 매우 난해한 것으로 언급되어 있다). 이 문제에 대해서는 후대의 이론가들이 더 깊이 조명해야 했지만 제한적으로만 성공했을 뿐이다. 이러한 도전은 업보를 이해하려는 불교도의 분투를 근간으로 하는 이후 몇 세기에 걸쳐 진행된 불교의 이론화 경향을 어느 정도 견인하는 역할을 했다고 할 수 있다.

이제 업보윤회사상이 일반 불교도의 삶에 어떠한 실질적인 역할을 했는지를 살펴보면, 사회적 지위의 격차 등 사람들을 구분 짓는 여러 차등이 까르마 때문이라고 보는 점에서 불교는 자이나교나 아지비까와 다르지 않은 것으로 추정된다. 『맛지마 니까야』(III 202~203)의 다음 인용문이 이를 설명해 준다.

"고따마 스승이시여, 무엇이 원인과 조건〔인연〕이 되어 인간은
열등하기도 하고 우월하기도 합니까? 사람들은 수명이 짧기도
하고 길기도 하며, 병약하기도 하고 건강하기도 하며, 추하기도
하고 아름답기도 하며, 영향력이 있기도 하고 영향력이 없기도
하며, 가난하기도 하고 부유하기도 하며, 천하게 태어나기도 하고
귀하게 태어나기도 하며, 어리석기도 하고 지혜롭기도 한 것으로
보입니다. 고따마 스승이시여, 무엇이 원인과 조건이 되어 인간은
열등하기도 하고 우월하기도 합니까?"
"학생이여, 존재들은 〔자기〕 행위의 소유자이고, 행위의 상속자이
며, 행위로부터 비롯되고, 행위에 속박되며, 행위를 피난처로 삼는
다. 존재를 열등하거나 우월하게 구분 짓는 것은 행위이다."

이 인용문이 브라만(brāhmaṇa), 끄샤뜨리야(kṣatriya), 바이샤(vai-
ṣya), 슈드라(śūdra)라는 네 계급으로 나뉘는 브라만적 사회계급을
언급하지 않는다는 것을 주목해야 한다. 사실 초기불교 문헌은 일반적
으로 브라만적 사회계급에 대해 이야기하지 않는다. 이에 대해 비판적
이기 때문이다. 그러나 『상윳따 니까야』(I 93-94)의 다음 인용문처럼
이따금 업보와 관련해 언급하기도 한다.

대왕이시여, 세상에는 이와 같은 네 종류의 사람이 있습니다.
무엇이 그 넷입니까? 어둠에서 어둠으로 향하는 사람, 어둠에서

밝음으로 향하는 사람, 밝음에서 어둠으로 향하는 사람, 밝음에서
밝음으로 향하는 사람입니다.

대왕이시여, 그렇다면 어떻게 사람은 어둠에서 어둠으로 향합니
까? 어떤 사람이 사회적 지위가 낮은 집안, 불가촉천민·죽세공·사
냥꾼·마차공 또는 꽃 채집꾼의 집안, 음식이 궁핍하고 삶이 곤란하
며 의·식을 구하기 어려운 가난한 집안에 다시 태어났는데, 그는
추하며 보기가 흉하고 기형이며 손 뒤틀림·절름발·반신불수 등의
만성적인 병이 있습니다. 그는 음식·옷·탈 것, 화환·향·연고,
침구·주택·등불 등을 소유한 사람이 아닙니다. 그는 몸, 말 그리고
마음으로 악행을 짓습니다. 그렇게 해서 몸이 무너져 죽은 후에는
비참한 곳·악취·하계·지옥에 다시 태어납니다. …

대왕이시여, 그렇다면 어떻게 사람은 어둠에서 밝음으로 향합니
까? 여기에 어떤 사람이 사회적 지위가 낮은 집안, … 의·식을
구하기 어려운 가난한 집안에 다시 태어났는데, 그는 추하며 …
반신불수 등의 만성적인 병이 있습니다. 그는 음식 … 등을 소유한
사람이 아닙니다. 그는 몸, 말 그리고 마음으로 선행을 짓습니다.
그렇게 해서 몸이 무너져 죽은 후에는 선취·천상에 다시 태어납니
다. …

대왕이시여, 그렇다면 어떻게 사람은 밝음에서 어둠으로 향합니
까? 여기에 어떤 사람이 사회적 지위가 높은 집안, 부유한 전사
집안, 부유한 브라만 집안 또는 부유한 장자 집안, 큰 부와 재산·풍
부한 금과 은·풍부한 보물과 물품·풍부한 부와 곡물을 가진 부자
집안에 다시 태어났는데, 그는 잘생겼으며 매력적이고 단아하며

뛰어나게 아름다운 외모를 지닙니다. 그는 음식·옷·탈 것, 화환·
향·연고, 침구·주택·등불 등을 소유한 사람입니다. 그는 몸, 말
그리고 마음으로 악행을 짓습니다. 그렇게 해서 몸이 무너져 죽은
후에는 비참한 곳·악취·하계·지옥에 다시 태어납니다. …
대왕이시여, 그렇다면 어떻게 사람은 밝음에서 밝음으로 향합니
까? 여기에 어떤 사람이 사회적 지위가 높은 집안, … 풍부한
재산과 곡물을 가진 부자 집안에 다시 태어났는데, 그는 잘생겼으
며 매력적이고 단아하며 뛰어나게 아름다운 외모를 지닙니다.
그는 음식 … 등불 등을 소유한 사람입니다. 그는 몸, 말 그리고
마음으로 선행을 짓습니다. 그렇게 해서 몸이 무너져 죽은 후에는
선취·천상에 다시 태어납니다. …

이 인용문에는 보통 말하는 브라만적 네 계급 중 브라만과 끄샤뜨리
야(전사) 두 계급이 분명하게 언급되며, 아울러 아웃카스트(outcast
불가촉천민)를 지칭하는 짠달라(caṇḍāla)도 언급된다. 흥미로운 점은
그 어느 것도 이전 행위의 결과로 제시되지 않는다는 것이다. 이는
불교도들이 상당히 비판적으로 생각하는 사회계급을 혹시라도 까르마
이론이 정당화하는 것처럼 보일 수 있어 언급 자체를 피한 것으로
보인다.

제3장 브라만교에서의 까르마

자이나교·불교·아지비까가 발생한 시기에 브라만교는 주로 갠지스 평원의 중서부를 중심으로 한 지역에 유포되어 있었다. 브라만교는 바로 이 지역에서 세습적인 브라만 사제계급의 문화로서 자리잡고 있었는데, 브라만들은 현지 통치자들과의 친밀한 관계로 자신의 생계와 사회적 지위를 확보했던 것이다. 이들은 주로 희생제 제식활동과 관련이 있는 방대한 문헌집인 베다(Veda)를 암기하고 보존했다.(뒤의 글상자를 보라.)

이 상황은 기원전 4~2세기에 난다(Nanda) 왕조에서 시작되고 마우리아(Maurya) 왕조에까지 지속된 북인도의 정치적 통합으로 변모된다. 난다와 마우리아 왕조 모두 브라만교 중심지에서 동쪽에 위치한 마가다에 본거지를 두고 있었으며, 브라만이나 그들의 희생제 전통에는 별 관심이 없었다. 그 결과 브라만교는 일종의 체제로서 위협을 받게 되었고 소멸 혹은 부흥의 갈림길에 있었다. 후자의 길을 걷게 된 브라만교는 혁신을 통해 변화한 환경에서 살아남았고 궁극적으로는 번창할 수 있었다.

브라만교는 정교한 희생제를 크게 강조하는 사제 중심의 종교였다. 새롭게 바뀐 브라만교는 (전적으로는 아니지만) 대체로 사회정치적 이데올로기가 되어, 시간이 경과하면서 전 인도아대륙과 동남아시아로 전파되었다. 브라만교는 브라만을 정점으로 하는 바른 사회계급 질서와 바른 국가통치 방식이라는 명확한 입장이 있었다. 브라만교는 정교한 희생제 관련 전통을 결코 버리지 않았으며, 덜 정교하거나 때로는 전혀 상관 없는 유형의 종교 관습도 수용하게 되었다. 이런 식으로 브라만교는 다양한 종교 컬트에 적응할 수 있었지만 한 가지 타협할 수 없는 조건이 있었다. 브라만들은 '보다 높은' 차원과의 연결고리를 확립하고 유지하는 데 가장 적합하며, 사회정치적 사안에 관해 통치자에게 조언하며, 사회적 지위에서 최상위를 차지한다는 것이다.

브라만교의 이런 변신의 결과는 아주 특별했다. (브라만들에게는 재앙일 수 있는) 마우리아 제국의 건립 후 천 년 동안 브라만교라는 사회정치적 이데올로기는 베트남과 인도네시아에서 서인도에 이르는 방대한 지역을 지배했다. 이 압도적인 양상은 다양한 방식으로 표현되었는데, 여기에는 정치적 내용의 비문, 궁정 문학, 심지어 불교와 자이나교 문헌의 주요 부분에 이르기까지 브라만교의 성스러운 언어인 산스끄리뜨어가 사용되었다는 것이 포함된다. 미국 연구자 셸든 폴록(Sheldon Pollock)은 이 현상을 '산스끄리뜨 코스모폴리스(Sanskrit cosmopolis)'라고 불렀다.

브라만교가 장기적으로 성공할 수 있었던 것은 부분적으로는 기원전 마지막 몇 세기에 걸쳐 그 추종자들이 개발한 문학적·개념적 장치 때문이다. 그들의 가장 강력한 개념적 장치 가운데 우리는 그들의 "과거가 어떠했으며, 어떻게 되어야 하는지"와 같은 사회에 대한 전망을 눈여겨봐야 한다. 브라만교는 사회를 네 개 또는 그 이상의 계층으로 나누었고 각 계층은 각각 고유의 임무와 의무가 부여되어야 한다고 주장했다.(장기적으로 그렇게 되었다.) 북서쪽 끝자락에 있던 그리스인들을 제외한 인도아대륙의 다른 거주민들은 사회의 구조와 조직화에 대해 정교한 개념을 갖고 있지 않았던 것으로 보인다. 따라서 불교도를 비롯한 다른 사람들과 그런 문제에 대해 논쟁할 땐 어쩔 수 없이 브라만 용어를 쓸 수밖에 없었다. 브라만들은 논쟁에 '프레임'을 씌웠고, 자연히 이기게 되었다. 외부인들은 '진정한' 브라만에 대해 나름의 생각이 있거나, 가장 높은 두 계급(브라만과 전사)의 순위가 뒤바뀌어야 한다고 주장했을 수도 있다. 하지만 그들의 반대 의견조차 브라만 용어를 써야 했다는 사실은 브라만 체제의 최종 승리를 보증하는 것이나 다름없었다.

기원전 마지막 몇 세기를 거치며 브라만교는 여러 문학적 장치들을 만들어낸다. 이 문헌들은 브라만과 외부인이라는 두 종류의 청중을 대상으로 한다. 브라만을 위해 작성한 문헌들은 주로 별도의 브라만 정체성 확보를 위한 행동 규범에 관한 것이다. 여기에서는 업보윤회와 관련된 문제는 거의 다루어지지 않는다. 또 다른 문헌들은 보다 광범위한 청중까지 감안한 것이다. 이 가운데 우리는 산스끄리뜨 서사시를 주목해야 한다. 특히 『마하바라따』는 브라만교가 직면해야 했던 비브라만 인구의 실제적인 문제들을 다루고 있으며, 여기에는 업보윤회가 포함된다. 『마하바라따』는 브라만교가 외부의 믿음을 더 넓은 브라만적 비전에 통합시키면서 어떤 식으로 타협이 이루어지는지를 여러곳에서 보여준다. 이 문헌은 본래 비브라만적 관습과 믿음에 관한 정보의 원천이지만 매우 신중하게 읽어야 한다. 엄밀하게 말해 비브라만적 관습과 믿음들이 여기에서는 브라만화된 형태로 나타나기 때문이다.

베다 문헌에서의 부재

먼저 베다 문헌을 살펴보면, 이 문헌은 불교와 우리가 다루었던 그외의 다른 사조가 발생하기 오래전부터 존재했던 것이 확실하다. 여기에서는 업보윤회사상의 흔적이 발견되지 않는다. 학자들이 발견한 윤회사상을 암시하는 듯한 몇몇 내용들은 사실 업보사상을 수반하고 있지 않다. 윤회사상은 업보사상과는 달리 세계에 널리 퍼져 있다. 결론은 윤회와 업보(혹은 그 결합)에 선행하는 개념이 베다 문헌에서는 발견되지 않는다는 것이다.

베다

베다(Veda)는 수 세기에 걸쳐 작성된 텍스트들로 이루어진 방대한 문헌집을 일컫는 말이다. 최고층은 기원전 1000년보다 훨씬 이전에 작성된 반면 최신층은 그보다 천 년 이상 후대에 속하는 것으로 추정된다. 베다는 브라만들의 신성한 문헌 유산으로서, 대부분은 브라만 사제의 도움으로 집행할 수 있는 희생제와 관련이 있다. 베다 본집(Veda-saṃhitā)의 상당 부분은 희생제나 그 밖의 엄숙한 행사에서 읊어야 하는, 산스끄리뜨어로 만뜨라 (mantra)라고 하는 신성한 비법으로 구성되어 있다. 나머지 대부분에는 희생제에 관한 다양한 신화, 성찰 및 사변이 포함되어 있다. 특히 우빠니샤드(Upaniṣad)라는 문헌에서 상대적으로 후대에 속하는 부분(불교나 자이나교 창시자보다 더 후대로 추정됨)에서는 희생제를 넘어 '신비적' 문제를 다루는 보다 일반화한 사변이 나타나기도 한다. 우빠니샤드에는 신비적인 경험이 기술되어 있다고 주장하는 경우가 많지만 아직 입증되지 않았다.

베다는 이와 같이 단수 형태로도 쓰이지만 4베다를 말하는 경우도 많다. 베다라는 하나의 문헌집이 리그베다(Ṛgveda)·사마베다(Sāmaveda)·야주르베다(Yajurveda)·아타르바베다(Atharva-veda)의 네 가지 베다로 구성되어 있기 때문이다. 이들 베다는 주요 희생제 집행에서 각기 다른 역할을 하는 서로 다른 브라만 사제들과 연관되어 있다.

대부분의 베다 문헌은 필사에 익숙하지 않은 저자들이 구두로 작성한 것이며, 이후에도 계속 동일한 방식으로 구전되었다. 베다의 특정 부분—특히 신약성서보다 월등히 많은 분량인 40만 음절로 된 리그베다 만뜨라 모음—은 오늘날까지 구두로 전승되고 있다. 학생들은 '자신들에게 배당된' 베다를 외우는 데 긴 시간이 걸렸다(지금도 꽤 오래 걸림). 전통적으로 한 베다를 암기하려면 12년, 넷 다 암기하려면 48년이 걸린다. 여기에서 강조되는 점은 만뜨라의 구성을 정확히 반복하는 것이지 그 의미를 이해하는 것이 아니다. 신성한 비법의 효력이 암송자의 이해가 아닌 정확한 발음에 달렸다고 한다면 당연한 일일 것이다.

베다가 언제 처음 기록되었는지는 분명하지 않다. 브라만 전통에 따르면 '진정한' 베다는 암송되는 것이지 문자로 기록되는 것이 아니라고 한다. 페르시아 여행가 알비루니(al-Bīrūnī)에 의하면 기원후 1000년까지도 "브라만은 그 뜻을 이해하지 못하면서 베다를 암송했다. 그 또한 같은 식으로 이를 타인으로부터 전수받아 암기했다. 그들 중 소수만이 그 의미를 배우며, 신학적 논쟁이 가능할 만큼 베다의 내용과 해석에 통달한 자는 극소수이다. … 베다는 일정 변조에 따라 암송되기 때문에 브라만들이 이를 글로 쓰는 것은 허용되지 않으며, 따라서 필기구도 사용하지 않는다. 그로 인해 오류가 생길 수 있고, 기록된 텍스트에 첨가나 결함이 발생할 수도 있기 때문이다. 결과적으로 그들은 몇 차례에 걸쳐 베다를 망실했다." 알비루니는 그래서 그의 시대로부터 그리 거슬러 올라가지 않는 이전 시기에 카슈미르(Kaśmīra) 출신 브라만이 베다가 잊어질지도 모른다는 두려움에 베다를 문자로 남겼다고 기록했다.

현대 연구자들에게 베다는 그 성립 시대에 대한 정보, 그중에서도 특히 종교적 관념이나 관습에 관한 많은 정보를 제공한다.

안타깝게도 각각의 베다들이 정확히 언제 작성되었는지는 확실
하지 않다. 그릇된 근거를 바탕으로 오랫동안 베다 문헌 전체가
붓다(기원전 400년 직후 입멸한 것으로 추정됨)보다 앞서는 것으로
당연시되었다. 이 입장은 이제 폐기되어야 할 것이다. 예를 들어,
『아이따레야 브라흐마나(Aitareya Brāhmaṇa)』와 같은 중기 베다
문헌은 그 어떤 문헌보다도 문법가 빠니니(Pāṇini, 기원전 350년
또는 이후)의 언어에 근접한 언어로 구성되어 있다. 두 주요 우빠
니샤드인 『브리하다라냐까 우빠니샤드(Bṛhadāraṇyaka Upani-
ṣad)』와 『찬도기야 우빠니샤드(Chāndogya Upaniṣad)』는 더 후대
일 것이 확실하다. 이 중 전자는 기원전 2세기 중반에 생존한
또 다른 문법가 빠딴잘리(Pātañjali) 이후에나 현재의 형태를 갖추
었을 것이라는 신빙성 있는 주장이 있다. 비현실적으로 이른
시기의 저작으로 알려졌던 또 다른 우빠니샤드 『슈베따슈바따라
우빠니샤드(Śvetāśvatara Upaniṣad)』는 『바가바드기따』보다 더
후대인 기원후 1·2세기에 속하는 것으로 보인다.

베다 문헌은 브라만의 전유물이었다. 브라만은 필연적으로 업보윤
회사상을 접할 수밖에 없었는데, 그들이 어떻게 대응했는지 파악하기
위해서는 그들의 전통에 대해 더 알아볼 필요가 있다.

브라만교의 가장 핵심적인 주장은 인간에게 계급서열이 있다는
것이다. 근본적으로 네 계급으로 나뉘며, 브라만 계급이 최상위에
있다. 때로는 계급이 세분되기도 하고, 다른 일반 네 계급보다 낮은

단계의 사람들로 이루어진 그룹이 추가되기도 한다. 이런 모든 분류에서 공통적인 것은 브라만이 최정상의 지위에 있어 다른 어느 누구보다 높다는 것이다. 이는 그들의 출생 때문이기도 하지만 그들이 영위하고 있다고 간주되는 초자연적 지식 때문이기도 하다. 그들은 이 지식을 (그들이 전문일 뿐만 아니라 그들만 자격이 있다고 하는) 제식의 집행 같은 곳에 다양하게 사용한다.

이런 상황에서 많은 브라만, 특히 그들 가운데 가장 전통적인 브라만들이 새로운 업보윤회사상에 대해 공감하지 않았다는 것은 어찌 보면 당연하다. 그뿐만이 아니라 그들은 가능한 한 이 사상을 무시했다. 이런 태도는 베다 문헌에 대한 해석과 베다 제식 집행을 전문으로 다루는 미망사(Mīmāṃsā)와 같은 브라만 철학의 가장 전통적인 학파에서 발견된다. 이 학파의 고전인 샤바라(Śābara)의 주석서는 기원후 500년 무렵에 저술되었다. 그 시기는 붓다의 입멸(대체로 기원전 400년경으로 추정됨) 후 9세기 정도가 되며, 업보윤회사상이 알려진 지 최소한 천 년 또는 그 이상이 된다. 그러나 이 미망사 문헌은 그 분량이 수천 쪽에 달할 뿐만 아니라 제식의 결과에 대해 빈번히 다루고 있음에도 불구하고 이 사상에 관한 그 어떤 관심도 보이지 않는다. 우리는 샤바라가 이에 대해 인지하고 있었음에도 정통브라만 지상주의에 따라 무시했다고 가정할 수밖에 없다.

브라만교의 반격

업보윤회사상은 기원전후 몇 세기에 걸쳐 광범위하게 유포되었으며,

따라서 브라만들이 이를 단지 무시할 수만은 없었을 것이다. 실제로 특정 브라만들이 이 새로운 믿음에 대해 비판했던 역사적 흔적을 볼 수 있다. 이와 같은 브라만교의 반격은 시간이 흘러 조직화 되면서 로까야따(Lokāyata) 또는 짜르바까(Cārvaka)라고 불리는 학파를 낳게 되었고, 한동안 번성하면서 꽤 많은 문헌들을 산출했지만 현존하는 것은 없다. 인도아대륙에서 확실하게 성공한 업보윤회사상에 맞서 이 학파가 오랫동안 대항했지만 결국은 패했기 때문이다. 이렇게 되기까지 장시간이 걸렸다. 짜르바까 학파를 대표하는 인물들은 기원후 1,000년 가까이 존재했지만 그 이후로는 사라지고 그들의 문헌들도 더 이상 유통되지 않았다. 기원후 1000년 무렵 페르시아 여행가 알비루니는 업보윤회사상에 대해 다음과 같은 기록을 남긴다.

> 고백하건대, "하나님(알라) 외에 다른 신은 없다. 무함마드는 그분의 사도이다"는 이슬람의 쉽볼렛(shibboleth, 집단 구별 요소)이며, 삼위일체는 기독교, 사바스(Sabbath, 안식일) 제도는 유대교의 것이듯, 윤회는 힌두교의 쉽볼렛이다. 그러므로 업보윤회사상을 믿지 않는 자는 그 집단에 속해 있지 않는 것이며 그 구성원으로 인정되지 않는다.

짜르바까에 대한 비판은 한동안 계속되었는데, 기원후 1000년 이후까지도 지속되었다. 지금은 반론을 펼 수 있는 진짜 살아있는 짜르바까가 없기에 온갖 오명을 뒤집어쓴 채 허수아비가 되어 있을 뿐이다.

브라만교에서의 수용

제3군의 브라만들은 초반부터 업보윤회사상에 관심을 가졌지만 딜레마에 빠져 있었다. 외부의 믿음을 수용한다는 것은 브라만이 모든 영적인 지식의 수호자가 아니라는 것이며, 따라서 그들이 스스로에게 부여한 사회에서의 특별한 지위를 포기하는 것과 같다. 브라만으로 남아 있으면서 업보윤회사상을 수용하려면 이 새로운 믿음이 전혀 새롭지 않으며 베다에서도 발견된다는 것이 증명될 때만 가능하다. 이는 쉬운 일이 아니지만 당시의 몇몇 문헌에서는 그러한 노력의 흔적을 볼 수 있다.

업보윤회에 대한 인식이 드러나는 가장 초기의 브라만 계열의 문헌에서는 이 사상을 여러 베다 문헌에 등장하는 비밀스러운 지식인 '5화火 2도道설'과 연결시킨다. 기원전 2세기의 것으로 추정되는 『브리하다라냐까 우빠니샤드』(6.2.15-16)는 다음과 같이 말한다.

> 이를 아는 사람들과 밀림에서 진리를 신념으로 받는 사람들은 불꽃이 되며, 불꽃에서 낮으로, 낮에서 선보름〔초하루부터 보름까지〕으로, 선보름에서 해가 북상하는 반년으로, 이 반년에서 신의 세계로, 신의 세계에서 태양으로, 태양에서 번개의 영역으로 나아간다. 마음으로 이루어진 뿌루샤(Puruṣa)는 번개의 영역으로 나아가 브라흐마(Brahmā) 세계로 간다. 수승한 자들은 그 브라흐마 세계에서 가장 긴 시간을 보낸다. 그들은 돌아오지 않는다. 그에 비해 희생제를 치루거나 공물供物을 제공하거나 고행을 행함

으로써 천상 세계를 획득하는 사람들은 연기가 되며, 연기에서 밤으로, 밤에서 후보름으로, 후보름에서 해가 남하하는 반년으로, 이 반년에서 조상 세계로, 조상 세계에서 달로 나아간다. 달에 이르러 그들은 음식이 된다. 거기에서 신들은 소마(Soma)왕 달에게 "늘어나라! 줄어들어라!"라고 말하면서 그 음식을 먹는다. 그것이 끝나면 그들은 바로 이 창공으로 나아가며, 창공에서 바람으로, 바람에서 비로, 비에서 땅으로 나아간다. 땅에 이르러 그들은 음식이 된다. 그들은 다시 **남자의 불에 바쳐지며** 그리고는 **여자의 불에 태어난다.** 천상 세계에 다시 한 번 더 올라가 그들은 같은 방식으로 순환한다.

그러나 이 두 길을 알지 못하는 이들은 지렁이나 벌레나 뱀이 된다.

이 인용문은 (같은 방식으로 돌아가는) 일종의 순환을 묘사하고 있지만 업보에 관한 어떠한 암시도 주지 않는다. 오직 굵게 표시된 부분만 이 세상으로의 환생과 관련이 있는 것처럼 언급하는데, 이 부분은 우빠니샤드의 다른 판본에는 빠져 있다. 다시 말해 이 구절이 업보윤회에 관한 것이라고 하더라도 업보는 빠져 있으며, 윤회에 관해서도 명확하지 않다는 것이다. 더군다나 진정한 자아의 비활동적 본성에 대한 지식이 윤회를 종식시킨다는 개념은 아예 없다.

이 인용문에는 특정 지식을 가지고 있는 사람들은 "돌아오지 않는다"라는 관념이 있다. 브라만들은 스스로를 지고의 영적 목표에 이르는 데 필요한 지식을 갖춘 고급 지식의 수호자로 자부했다. 따라서 최고의 영적 목표(업보윤회로부터의 해탈)로 이끄는 특정 지식(자아의 비활동적 본성에 대한 지식)을 지니고 있다고 주장하는 다른 브라만에 맞서 어떤 브라만들은 "돌아오지 않는다"를 활용하여 해탈에 이르는 지식을 베다의 지식으로 대체했다. 솔직히 이들 브라만들은 문제가 된 이슈를 거의 또는 전혀 이해하지 못했음에도 여전히 영적인 지식이 오직 그들과 그들의 전통에 의해서만 제공될 수 있다고 주장했다.

대체로 비슷한 시기의 또 다른 후기 베다 문헌인 『찬도기야 우빠니샤드』(5.10)에 유사한 내용이 나온다.

이제 이것을 아는 사람들은 … 그들은 불꽃이 되며, 불꽃에서 낮으로, 낮에서 선보름으로, 선보름에서 해가 북상하는 반년으로, 이 반년에서 1년으로, 1년에서 태양으로, 태양에서 달로, 달에서 번개로 나아간다. 그리고는 인간이 아닌 뿌루샤는 그들을 브라흐마로 이끈다. 이것이 신들로 향하는 길이다.

반대로 여기 마을에 있는 자들은 "공양물은 신과 사제에게 바치는 공물이다"라고 하며 예배하는데, 그들은 연기가 되고, 연기에서 밤으로, 밤에서 후보름으로, 후보름에서 해가 남하하는 반년으로 나아간다. 이들은 1년에 다다르지 않고 이 반년에서 조상 세계로 나아가며, 조상 세계에서 허공으로, 허공에서 달로 나아간다. 이것이 신들의 음식인 소마왕이며, 신들은 그것을 먹는다. 그들은 잔재가 있는 한 거기에 남아 있다가 그들이 도착한 같은 길로—처음엔 허공으로, 허공에서 바람으로—되돌아간다. 바람이 생기면 연기로 변하고, 연기가 생기고 나서 구름으로 변하며, 구름이 생기고 나서 비구름으로 변하고, 비구름이 생기고 나서 비가 내린다. 지상에서 그들은 쌀이나 보리로, 식물과 나무로, 참깨와 콩으로 자라나는데, 그로부터 벗어나기가 지극히 어렵다. 누군가 그 음식을 먹고 정액에 보관하면 그로부터 다시 존재하게 된다. 이제 **여기에서 좋은 행동을 하는 사람들**은 브라만·끄샤뜨리야·바이샤 여성의 태와 같은 **좋은 태로 들어갈 것이다.** 그러나 나쁜 행동을 하는 사람들은 개나 돼지나 불가촉천민 여성의 태와 같은 **나쁜 태로 들어갈 것이다.**

그리고는 이 두 길 어디로도 가지 않는 이들이 있는데, 그들은 여러 차례 되돌아오는 작은 생명체가 된다. "생하고, 죽으리라!" – 이것이 세 번째 상태이다.

이 인용문은 바른 베다 지식이 브라흐마와 신들로 이끈다고 주장한다. 앞서 소개된 인용문에 따르면 이 지식을 가진 사람들은 "돌아오지 않는다"로 해석될 수 있지만 직접 언급된 것은 아니다. 업보윤회에 관해서는 더 노골적으로 "여기에서 좋은 행동을 하는 사람들은 좋은 태로 들어갈 것이다. … 나쁜 행동을 하는 사람들은 나쁜 태로 들어갈 것이다."라고 말한다. 비록 베다라는 옷을 입고는 있지만 여기에서 말하고 있는 것이 업보윤회사상이라는 것은 분명하다.

위의 두 인용문은 왕이 브라만에게 가르치는 내용이다. 이것은 매우 이례적인 일이다. 브라만들은 영적인 지식을 소유하고 있다고 주장하기에 대개는 스승의 위치에 있다. 저자들은 이렇게 이례적인 상황을 그냥 지나치지 않았다. 이러한 지식이 그 이전에는 브라만들에게 알려지지 않았다는 점을 왕으로 하여금 수없이 언급하게 한다. 왕이 알고 있는 이 지식을 브라만이 몰랐다는 것은 그때까지 "지배력을 왕권이 완전히 장악했음"을 시사한다. 브라만이 관심은 있어도 지니지 못한 지식을 비브라만이 보유한다는 내용을 명시적으로 언급한 것은 필자가 알기로는 베다 문헌에서 이 한 군데 밖에 없다. 이는 또한 업보윤회사상이 당시 일부 브라만들에 의해 〔외부의〕 다른 이들로부터 전수받은 사상이라는 증거가 된다. 그 다른 이들은 다름 아닌 자이나교, 불교 그리고 여기에서 다루었던 그 밖의 사조들이 속했던 지역이나 환경의 사람들이다.

　지금까지의 논의는 새로운 사상을 흡수하려는 브라만계의 첫 시도가 서툴렀음을 보여준다. 위에서 언급한 인용문들을 보면, 이런저런 단편을 취해 브라만적 모습을 갖추긴 했어도 사상의 내적 일관성은 떨어진다. 이러한 경향은 점차 바뀌게 되는데, 좀 더 후대의 『브리하다라냐까 우빠니샤드』(4.4.5) 인용문에서는 "선한 행위를 하는 사람은 선하게 되고, 악한 행위를 하는 사람은 악하게 된다"라고 반복하여 지적한다. 여기서 핵심은 업보에서 벗어나고자 한다면 행위에 영향 받지 않는 자아에 대한 지식이 필수라는 이해가 저변에 깔려 있다는 것이다.

이 거대하고 태어나지 않은 자아는 여기 생명 기능(prāṇa)들 가운데 바로 의식으로 되어 있는 자아이다. 심장 속 공간 그곳에 만물의 조정자이고, 만물의 주인이며, 만물의 지배자인 그가 자리한다. 그는 선행에 의해 증장되지도 않고, 악행에 의해 줄어들지도 않는다. …

이 자아에 대해 "~ 아니다, ~ 아니다"라고만 말할 수 있다. 그는 파악되지 않기 때문에 파악할 수 없다. 그는 쇠퇴되지 않기 때문에 쇠퇴하지 않는다. 그에게는 아무것도 달라붙지 않기 때문에 그는 달라붙는 것이 없다. 그는 얽매어 있지 않다. 그는 두려움에 떨지 않으며, 다치지도 않는다.

[다음과 같은] 이 두 생각은 이 자아를 결코 스쳐가지 않는다. "그래서 나는 어떤 나쁜 일을 했다." "그래서 나는 어떤 좋은 일을 했다." 오히려 이 자아가 그런 두 생각을 스쳐 지난다. 그가 했거나 하지 않은 것에 의해 그는 불태워지지 않는다.

–『브리하다라냐까 우빠니샤드』(4.4.22)

다른 말로 하면, 적어도 브라만교의 문헌 일부에 업보윤회가 관여하는 복잡한 개념에 대한 이해가 나타나기 시작했다는 것이다.

마지막 인용문에 비활동적이고 그 무엇에도 영향 받지 않는 자아에 대한 개념이 등장하는데, 이는 (인도 문헌 일반은 아니지만) 브라만계 문헌에서는 아마도 처음일 것이다. 브라만들은 이 개념을 적극적으로 채택했는데, 브라만 철학이라 통칭되는 대개의 경우 늘 이 개념이 그 중심을 차지하고 있음을 보게 된다. 이 개념이 베다 후기에 와서 더욱 이목을 끌게 된 것은 아마도 베다 전통 자체가 자아에 대해 더 많은 관심을 가지게 되었기 때문일 것이다. 베다의 본래 맥락에서 볼 때, 자아에 대한 이러한 관심은 해탈이나 행위로부터의 자유 혹은 궁극적으로는 윤회로부터의 자유와는 아무런 상관이 없다. 우리가 다루어 왔던 '외래' 사상이 침투하기 전의 베다 전통은 그 관심사가 달랐다. 그중 하나는 사물들 사이에 존재하는 보이지 않는 관계와 관련이 있다. 겉보기에는 관련이 없어 보이지만 많은 것들이 연결되어 있다고 믿어졌다. 후기 베다 문헌에 나타나는 수많은 '신비적 동일화(upāsanā)'는 이런 연결을 밝히기 위한 것이다. 이 숨겨진 연결 이면에 있는 사고는 관련된 용어들 가운데 하나에 영향을 끼침으로써 다른 것에도 영향을 줄 수 있다는 것이다. 이런 숨겨진 연결은 두 사물 사이가 아무리 멀리 떨어져 있어도 그 유사성에 의해, 심지어는 그들을 지칭하는 단어의 유사성에 의해서도 드러나는 것으로 본다. 주로 대우주와 소우주로 비유되는 우주 영역과 개인 영역처럼 서로 다른 영역이 연결되는 경우도 빈번하다. 연결성을 찾아가는 과정에서 베다 사상가들은 거의 필연적으로 모든 것을 포괄하는 궁극적인 대우주적 실체에 직면했을 것이며, 그것을 인간의 가장 내면적인 부분과 연결시켰다. 이는 브라흐만과 자아의 하나됨(범아일여)으로 이어졌다. 재차 강조하지만 이 자아는 해탈을 이루는 데 필수적인 자아에 대한 지식의 그 자아가 아니다. 가장 중요한 것은 그것이 비활동적이지 않다는 것이다. 그러나 특정 브라만들이 진정한 비활동적 자아에 대한 지식을 통한 해탈이라는 사상에 관심을 갖게 됐을 때 그 둘을 동일시하는 것은 어려운 일이 아니다. 나중에 살펴보겠지만 바로 이런 일이 생긴 것이다.

지금까지 우리는 비활동적 자아에 대한 지식을 통한 해탈이라는 사상이 브라만교에 미치는 영향에 대해서만 이야기했다. 그러나 이는 해탈에 이를 수 있는 여러 방법 가운데 하나일 뿐이다. 우리는 대안이 되는 방법의 예로 자이나교의 부동의 고행을 살펴보았다. 이 방법도 브라만교에 영향을 주었다. 이 새로운 수행법을 이미 통용되고 있던 베다 전통의 수행법에 동화시키려는 시도는 여기에서도 보인다. 몇몇 형태의 베다 희생제는 수행자들에게 금식·수면의 단축·성적 억제 등 다양한 종류의 금욕을 요구한다. 제주祭主의 청정한 상태가 중요하기 때문에 이러한 제약은 원칙적으로 희생제가 행해지는 동안 엄수되어야 한다. 어떤 브라만들은 이와 같이 고행 위주의 삶을 살면서 청정한 상태를 생애의 전부 또는 주요한 시기로 확장시켰다.

확대된 베다 고행주의가 과연 바람직한지에 관하여 베다 전통에서는 의견이 분분했다. 이것은 베다 전통에서의 주요 관심사, 즉 남아 출산의 필요성과 상충된다. 따라서 베다 고행주의는 다음의 『아이따레야 브라흐마나』(7.13.4)의 구절처럼 베다 문헌 자체 내에서 비판받았다.

아들을 통해서 아버지들은 항상 짙은 어둠을 건넜으니, 아들은 〔아버지들의〕 자아로서 〔아버지들의〕 자아로부터 태어났기 때문이다. 그는 피안으로 실어다 주는, 식량이 구비된 배이다. 〔몸에 바르는〕 재가 무슨 소용이 있으며, 사슴 가죽은 또 무슨 소용인가? 땋은 머리가 무슨 소용이 있으며, 고행은 또 무슨 소용인가? 오 브라만이여, 아들을 바랄지어다. …

아들은 죽은 조상의 사후의 안녕을 위해 어떻든 필수적인 존재라고 믿어졌다. 아들을 낳지 않는 고행주의자들은 조상의 안녕을 위협한다고 보는 것이다. 『마하바라따』는 극단적 성적 억제로 인해 아들이 없게 된 고행자 자라뜨까루(Jaratkāru)의 이야기를 통해 이를 설명한다.

그는 방랑하다가 처참한 상태에 있는 조상들을 만나게 된다. 그들은 구덩이 안에 쥐들이 거의 다 갉아먹은 밧줄에 거꾸로 매달린 채 있었다. 이 모든 것은 자나뜨까루가 자식 보는 것을 거부한 결과인 것으로 드러났다.

그렇다면 베다기의 브라만교에는 외부의 영향 없이도 자생한 금욕적 전통이 있었을 것이 분명하다. 부동의 고행이라는 형태의 외부 영향이 있었다면 그것은 이미 존재했던 기존의 것과 연결되었을 것이다. 베다 전통은 이런 방식으로 자신들의 것을 계승한다고 주장하면서 외부 요소를 흡수할 수 있었다. 이 조합은 다소 금욕적인 인생의 단계들이 연속되는 독특한 인생 주기로 발전했다.

상위 계급에 속한 남성의 이상적인 삶은 4아쉬라마(āśrama)라고 하는 네 단계의 인생 주기로 되어 있다. 어린 나이의 소년—문헌에는 8살에서 12살 정도로 언급함—은 브라흐마짜린(brahmacārin, 종교수련생)이 되기 위해 스승의 가족 구성원으로 합류한다. 거기에서 그는 약 12년 동안 베다를 공부하면서 엄격한 규율을 따르게 된다. 이 첫 아쉬라마를 끝내면 그는 가장이 될 준비가 된 것이다. 이 단계에서 그는 결혼해서 아들을 낳게 된다. 그가 첫 손자를 보거나 첫 흰 머리카락을 발견하게 되면 이 주기가 끝나는데, 이에 관해서는 문헌들이 일치하지 않는다. 가장은 이제 그의 아내를 동반하고 제사 때 쓰는 성화를 가지고 숲속 오두막으로 물러나 숲에서 자급자족하면서 살아간다. 제사의 의무를 이어가며, 금욕적 수행에 전념하는 그는 이제 바나쁘라스타(vānaprastha), 즉 '삼림거주자'가 된다. 바나쁘라스타가 자신의 아내와 제사 때 쓰는 성화를 포함해 남아 있는 모든 것을 버리고 음식을 구걸하며 마을과 마을을 떠돌아다니는 출가자, 즉 산냐신 (saṃnyāsin)이 될 때 이 주기는 끝난다. 이 마지막 단계에서 그는 업보윤회로부터의 해탈을 기대하게 된다.

4아쉬라마라고 하는 인생 주기는 실제 삶에 대응되지 않는 이론적 구성일 가능성이 크다. 사실 가장 오래된 문헌 자료에 따르면 4아쉬라마는 연속적인 단계라기보다 베다를 숙달한 학생이 그중 하나를 택하는 네 가지 선택사항이라고 할 수 있다. 그는 학생으로 남아 스승의 가족과 함께 계속 머물면서 다른 베다를 더 공부할 수도 있고, 결혼하여 한 가정을 꾸릴 수도 있다. 셋째로 그는 숲으로 물러나 제식의 수행에 전념하는 금욕적 삶을 살 수도 있다. 혹은 마지막으로 걸식에 의해 생존하는 종교적 탁발 수행자의 삶을 살 수도 있다. 특히 셋째와 넷째 아쉬라마는 앞에서 다루었던 종교 형태들에 부합한다. 셋째인 삼림거주자의 아쉬라마는 베다 금욕주의자의 삶에 부합하며, 넷째인 출가자의 아쉬라마는 비브라만 구도자의 해탈을 향한 삶의 방식이나 목표에 더 가깝다. 출가자는 초기불교도와 자이나교도를 포함한 수많은 사람들이 채택한 걸식의 길을 통해 자기 자아의 진정한 본성을 탐구한다.

자아의 비활동적 본성에 대한 지식을 통한 해탈로의 길은 4아쉬라마라는 체계에서 기틀을 잡았다고 할 수 있다. 이는 네 가지 선택사항이라는 초기 형태뿐만 아니라, 인생 주기가 된 후대의 형태까지 망라해서 말하는 것이다. 부동의 고행을 통한 해탈로의 길은 확실하게 이 체계에 포함되어 있지 않다. 세 번째 아쉬라마의 금욕주의는 주로 제식 생활방식과 관련이 있는 베다 고행주의이다. 그렇다고 브라만들이 부동의 고행을 전혀 지지하지 않았다는 것은 아니다. 다른 초기 문헌들 가운데 『마하바라따』라고 하는 산스끄리뜨 대서사시에는 그런 고행을 통해 해탈을 열망하는 많은 고행자들이 나온다. 여기에 자주 쓰이는 용어는 요가(yoga)이다. 요기(yogi, 요가수행자)는 육체와 정신 기능의 전부 또는 일부를 멈추는 것으로 묘사되며, 때로는 통나무나 산과 같이 움직임이 없다고도 한다. 특히 호흡의 억제는 그의 수행에서 반복되는 주제가 된다. 이런 부동의 고행 형태를 자아의 진정한 본성에 대한 지식과 연관시키는 경향이 있다. 이 지식을 상키야(Sāṃkhya)라고 한다. 많은 문헌들이 상키야와 요가(Yoga)가 상호 동반관계인 것으로 보지만 사실 이 둘은 동일한 정신수행의 양면이다. 이는 업보윤회 문제에 대한 두 가지 주요 해결책, 즉 모든 활동의 억제와 진정한 자아의 비활동적 본성에 대한 지식이 여기에서 그 둘을 포괄하는 단일한 정신수행의 길로 결합됐다는 것을 보여준다.

왜 일부 브라만들은 업보윤회라는 (그들에게는) 새로운 사상에 대해 관심을 갖게 된 것일까? 개인적 이유로 끌렸을 수도 있고, 다른 이유 때문일 수도 있다. 북인도 지역에서 시작된 브라만교는 이후 인도아대륙 대부분과 동남아시아의 많은 곳을 아우르는 광대한 지역으로 확산되었다. 이 확산은 브라만들이 타 지역을 여행하면서 초자연적인 문제에 관한 전문가로서 봉사하는 식으로 이루어졌다. 그들은 해당 지역의 원주민들이 다른 신을 숭배하거나 다른 형태의 종교적 관습을 갖도록 개종시키려 하지 않았다. 신에 대한 숭배나 종교적 관습과 관련해서는 오히려 유연성을 발휘했다. 그에 따라 브라만들은 토착종교에 매우 호의적인 종교 형태뿐만 아니라 (사원 숭배와 같이)

베다 종교의 제식 관습과 동떨어진 종교 형태에도 관여하게 된다. 하지만 바뀌지 않은 것이 하나 있었다. 영적인 영역에서 독점적 수호자인 브라만들만이 최고의 지위를 점하는 계층적 사회에 대한 브라만적 비전이 그것이다.

이런 상황에서 대다수의 주민들이 업보윤회를 믿는 지역의 경우 브라만교는 그 사상을 흡수해 그것이 브라만 전통의 일부였으며 항상 그래왔다고 주장할 수밖에 없었을 것이다. 브라만교는 다른 종교집단이나 전통과 조우했을 때 초자연적 현상에 대한 서로 다른 견해 때문에 생기는 이론적 대립이 없었다. 오히려 초자연적인 영역에서는 수용적인 면이 많았다. 대립이 있다면 그것은 주로 사회와 관련된 것이었다. 여기에서 브라만들은 자신들의 우위를 주장했다. 그들은 장기적으로는 남아시아 대부분 그리고 일시적으로는 동남아시아 특정 지역에서 목적한 바를 성취했다. 그런 가운데 그들이 조우한 비브라만적 종교 요소들도 흡수했다.

업보윤회사상이 브라만적 이데올로기와 잘 맞는다고 생각할 수 있다. 브라만들은 현세에서의 우월함과 함께 다양한 호의와 특혜에 대한 권리를 주장했다. 그들은 전생의 선행으로 이런 우월함과 그에 따르는 권리가 획득된 것이라고 주장하고 싶었을 것이다. 이는 모든 사람이 다 수긍할 수 없는 주장에 정당성을 부여하게 된다.

이런 유혹은 분명히 있었을 것이다. 사실 위에서 언급한 『찬도기야 우빠니샤드』의 인용문에는 이를 뒷받침해 주는 내용이 포함되어 있다. "이제 선한 행위를 한 사람들은 브라만·끄샤뜨리야·바이샤 여성의 태와 같은 좋은 태로 들어갈 것이다." 『마하바라따』와 같은 브라만계 문헌에는 그릇된 행동을 하는 사람들은 불가촉천민으로 환생할 것이라고 예언하는 문장들이 수없이 나온다. 불교도 사회적 지위에 대한 설명을 까르마에서 찾은 것을 보면 그리 놀라운 일은 아니다. 하지만 아직 브라만들은 자신들이 우월하다는 주장을 정당화하기 위해 여기에 편승하지 않았다. 그들은 신화적 정당화를 꾀하였으며, 이는 브라만계 문헌에서 계속 반복되었다. 예를 들면 창조설의 일부로서 창조신이 자기 몸을 활용해 입으로는 브라만, 팔로는 끄샤뜨리야, 넓적다리로는 바이샤, 발로는 슈드라라는 계급을 만들었다고 했다. 이는 업보윤회사상과는 아무런 상관이 없다. 상이한 계급 격차가 태초에 있었던 사건(혹은 결정) 때문이라는 것이다.

기원후 3~4세기의 브라만계 문헌으로 추정되는 『마누법전(Manu-smṛti)』에는 이런 모호한 태도가 잘 설명되어 있다. 이 문헌에서는 업보윤회사상이 언급되는데, 주로 그릇된 행동이 초래하는 끔찍한 결과를 전달하여 사용자들을 겁주는 데 주기적으로 활용된다. 여기에서는 후대의 첨가로 보이는 마지막 부분을 제외하면 이 사상이 일부 사람들(특히 브라만들)의 특권을 정당화하기 위해 쓰이지는 않는다.

브라만들의 우월함이 전생의 선한 행위 때문이라는 관념을 브라만교가 왜 늦게 채택했는지 그 이유를 밝히는 것은 어렵지 않다. 이에 대한 설명은 용이하게도 서로 다른 부류들(여기에서는 동물의 종) 사이에 근본적인 연속성이 있다는 가정에서 출발한다. 즉 어떤 사람의 현재 지위는 전생에 행한 행위의 결과일 수도 있지만, 어떤 사람의 현재 행위가 내생에서 훨씬 높거나 낮은 지위로 이어질 수도 있다. 이번 생에서는 각기 브라만과 슈드라로 태어났지만 다음 생에서는 그 역할이 바뀔 수도 있다. 이런 추론은 계급 차등에 상대론적 요소를 도입함으로써 브라만들이 주장하는 절대적이고 근본적인 차등을 위협하게 될 것이 분명하다. 그런 절대적이고 근본적인 차등은 『마누법전』에서 여전히 상정되고 있는데, 다음의 인용문(1.28-30)에서 볼 수 있다.

> 개개의 피조물들은 반복해서 태어나면서 태초에 신께서 부여해 준 그 자신만의 행위를 따라간다. 폭력 혹은 비폭력, 온화함 혹은 잔인함, 정의 혹은 불의, 참됨 혹은 참되지 않음 등등 창조 당시 그가 부여했던 것이 무엇이든 그것은 자동적으로 그 피조물에 들러붙는다. 계절이 바뀔 때 각 계절은 자동적으로 스스로의 독특한 징표를 채택하듯이 몸을 받은 존재들도 그들 자신의 독특한 징표를 채택한다.

이와 같다면 그 어떤 브라만도 낮은 지위의 누군가로부터 추월당할 위험은 내생에서도 없을 것이다. 이런 명백한 이점이 있음에도 불구하고 이런 논의들에는 업보윤회사상이 훨씬 더 많이 등장한다. 오늘날에도 까르마는 카스트 차별을 정당화하는 데 빈번히 소환되고 있다.

브라만이 다른 사람들과는 완전히 다른 범주에 속한다는 신념은 그들이 별개의 종(種, jāti)을 구성한다고 하는 (브라만들 사이에) 널리 신봉되는 믿음에 있다. 이는 불교도들이 줄곧 반대해 온 관점으로서 불전 『숫따니빠따(Suttanipāta)』의 게송(650-652)에 따르면 다음과 같다.

〔사람은〕종(jāti)에 의해 브라만이 되는 것이 아니며, 종에 의해
비브라만이 되는 것이 아니다. 〔이전〕행위(karma)에 의해 브라만
이 되며, 〔이전〕행위에 의해 비브라만이 된다. 〔사람은 이전〕
행위에 의해 농부가 되며, … 장인이 … 상인이 … 하인이 …
도둑이 … 전사가 … 사제가 … 왕이 된다.

자띠(jāti)는 생生을 의미할 수도 있고, 까르마(karma)는 현재의 행위
를 뜻할 수도 있기 때문에 이 게송은 다소 모호한 측면이 있다. 하지만
이러한 대안적 의미로는 번역이 만족스럽게 되지 않는다. 위의 번역에
서 이들 게송들은 우리가 『마누법전』에서도 접했던 이슈를 다루고
있다. 문제는 그 이슈가 『마누법전』과는 상반되는 관점에서 다루어졌
다는 것이다.

인도철학에서 류類, 종種 및 보편普遍

브라만들은 고양이가 개와 다르듯이 스스로를 지위가 낮은 인간
과 다른 별개의 종이라고 생각하고 싶어 했다. 이는 그리 놀라운
일이 아니다. 왜냐하면 브라만들이 살았던 (또는 그들이 부여하
고 싶어 했던) 당시의 사회적 실상을 정당화 하는데는 마치
고양이나 개가 서로 다른 습성과 욕구를 지니는 것이 당연한
사실인 것 그 이상을 찾기 힘들기 때문이다. 사회의 기득권층이
현 상황을 정당화하려는 것은 아마 보편적인 양상일 것이다.

세계 곳곳에서 피부색에 따른 왜곡된 특권을 정당화하기 위해 인종적 혹은 인종차별적인 이론을 들먹이는 것을 볼 수 있다. 인도의 불교도들이 브라만적 사회계급화가 정립되는 당시의 상황을 받아들이는 데는 오래 걸리지 않았다. 기원후 천 년 동안 상당수의 브라만 불교도들이 있었는데, 그들은 불교도가 되어서도 자신의 브라만 지위를 포기하지 않았다. 그러나 브라만을 별개의 종으로 보는 이론적인 정당화를 불교는 결코 받아들이지 않았다. 실제로 불교에서 설하는 내용은 사회적 지위와 상관없는 모든 인간에 관한 것이었으며, 해탈에 이르는 불교의 길에서 모든 인간은 평등했다.

평등하거나 불평등한 인간의 지위에 관한 지속적인 논쟁은 브라만교와 불교가 인도아대륙에서 공존하는 내내 서로 대립하게 만들었다. 흥미롭게도 언뜻 보아서도 사회의 조직과는 아무런 상관이 없는 철학적 이슈까지 이 논쟁에서 다루어지는데, 그것은 바로 '보편'이라는 추정적 실재이다.

간단히 말하자면, 보편은 우리가 경험하는 대상이 보통 공통점을 가진 집단으로 나타난다는 사실을 설명하기 위해 특정 브라만 사상가들이 그 존재를 가정한 실체이다. 예를 들어 '물병'이라는 말은 단지 한 대상을 지칭하지 않고 모든 물병을 포괄한다. 그러므로 물병으로 불리는 이 모든 대상에는 우리가 단 하나의 단어로 그 모두를 포괄할 수 있게 해주는 공통된 무엇이 있어야 한다. 대상들이 공통적으로 가지고 있는 그 '무엇'은 모든 물병들과 함께하는, 혹은 그들에 내재하는 보편이다. 관련 브라만 사상가들은 보편은 존재하는 무엇이고, 따라서 물병과 보편은 서로 다른 무엇이라고 주장한다. 불교 존재론(다음 장에서 "아비다르마 불교와 인도철학의 발단"이라는 제목의 글상자를 보라)에서 보편은 설 자리가 없으며, 그 존재는 거부되었다.

'보편'에 대해 철학자들이 사용한 단어는 종이라는 뜻도 있는 자띠(jāti)이다. 이것이 이상하지 않은 것은, 물병에 보편이 있다면 확실히 고양이에게도 있을 것이고 개도 마찬가지이기 때문이다. 따라서 동물의 종은 보편의 특별한 예시인 것이다. 브라만들은 그들 자신만의 보편이 있다는 것을 암시하며 별개의 종으로 보이기를 원했다. 불교도들은 그들 나름의 입장에서 보편이라는 것을 인정하지 않았으며, 따라서 그들에게는 브라만에게도 그런 보편이 없는 것이다.

업보윤회사상의 채택은 브라만 전통에 있어서는 도전이 되었다. 이제 브라만들이 이를 어떤 식으로 그들에게 유리하게 활용했는지, 다시 말해, 그들의 사회적 위상을 격상시키는데 업보윤회사상이 어떤 도움을 주었는지 알아보도록 한다. 해탈 관념은 여기에서 중심적인 역할을 하는데, 그 목표를 성취하기 위해서는 자아의 비활동적 본성에 대한 지식이 필요하다는 확신 때문이다. 『바가바드기따』에는 업보윤회사상이 선명하게 적용된 가장 유명한 표현이 있는데, 그 가운데 다음과 같은 질문이 있다.

바가바드기따

『바가바드기따』는 인도를 대표하는 두 산스끄리뜨 서사시(다른 하나는 『라마야나』) 중에서 더 방대한 『마하바라따』의 한 부분이다. 어떤 학자들은 『바가바드기따』가 『마하바라따』에 삽입된 것이라고 한다. 다른 이들은 『바가바드기따』 자체에 삽입된 요소들을 확인할 수 있다고 하는데, 지금도 뜨거운 논쟁거리가 되고 있다. 어쨌든 『바가바드기따』는 그 자체로도 유명하며, 다양한 힌두교 근본경전 가운데 하나이다.

이 문헌은 전사인 아르주나(Arjuna)와 마차를 끌던 끄리슈나(Kṛṣṇa) 사이의 대화를 다루고 있다. 끄리슈나가 최고신 비슈누(Viṣṇu)의 화신(avatāra)이라는 것은 이내 알려지지만 처음에는 그저 아르주나의 불평과 근심을 들어주는 마부에 불과했다. 배경은 적대적인 두 군대가 상대를 괴멸시키려는 큰 전쟁이 임박한 상황으로 설정되어 있다. 아르주나는 적 진영에 친구와 친척들이 많아 고뇌한다. 그는 전쟁을 포기하고 이런 상황에서 벗어나 단순한 삶을 사는 것이 스스로에게도 더 나을 것이라고 생각한다. 이 문헌을 유명하게 만든 것은 바로 이에 대한 끄리슈나의 치밀한 대응이다. 아르주나는 전사이기 때문에 싸워야 하며 나약하게 굴복해서는 안 된다는 것이다. 이는 그 누구라도 자신의 지위와 연계된 임무는 수행해야 한다는 교시로서, 브라만교적 관점을 명백히 보여준다. 이 간략한 답변은 이후에 보다 정교해지며, 아르주나나 전사만을 대상으로 하지 않고 훨씬 광범위하게 다뤄진다. 끄리슈나의 설교에서 중요한 점은 모든 사람이 사회에서 자신의 지위와 연결된 임무를 수행해야 하며, 결과를 목적으로 해서는 안 된다는 것이다. 그리고 이러한 임무는 무심하게 수행해야 한다고 한다. 끄리슈나는 아르주나에게 자기 행위의 결실을 신, 즉 끄리슈나에게 바치라고 권하면서 더 자상히 설교한다. 『바가바드기따』의 바로 이 부분에서 박띠(bhakti, 신애信愛)가 등장하며, 이 개념은 이후 수 세기에 걸쳐 매우 중요한 위치를 점하게 된다.(뒤의 8장을 보라.)

우리의 진정한 자아가 행한 것이 아니라면, 우리가 행한 듯이 보이는 그 행위에 대한 책임은 누구에게 있는가? 그 행위를 내가 행하는 것이 아니라면 과연 누가 하는 것인가? 위에서 보았던 상키야 학파 학자들에 의하면 비인격적인 힘들이 작용함으로써 우리의 물질적·정신적인 부분이 계속 움직인다고 한다. 이 비인격적인 힘들은 진정한 자아와는 분명히 다르지만 대부분의 사람들은 이에 대해 알지 못한다. 그들은 이 힘들을 그 자체로는 책임이 없는 행위와 동일시한다. 결과적으로 그들은 업보윤회의 희생자가 되는 것이다.

자신이 하는 행위가 실제로는 자신의 것이 아니며 진정한 자아와는 다른 어떤 힘들에 의해 만들어진 것임을 알게 된다면 어떻게 될까? 『바가바드기따』는 다음과 같이 답한다. 그 상황에서 비인격적인 힘들은 사람으로 하여금 자신의 사회적 지위에 맞게 행동하게 할 것이다.

세상이 어떻게 이루어져 있는지를 이해하는 현명한 전사라면 자신이 생각하는 당위성이 심각하게 도전 받더라도 전투에 임할 것이다. 이것이 바로『바가바드기따』의 서사에서 다뤄지는 내용이다. 이 문헌은 전쟁을 피하고 싶어 하는 용맹한 전사 아르주나의 내적 갈등을 묘사하는 것으로 시작한다. 그의 마부이자 최고신 비슈누의 화신인 끄리슈나는 그에게 의무는 자신의 사회적 지위와 연결된 임무이기 때문에 결과를 생각하지 말고 단지 전사로서의 의무를 행하라고 말해 준다.

　이 시점에서 아지비까를 다룰 때 살펴보았던 엄격한 결정론을 상기해 볼 필요가 있다. 그에 따르면 몸은 비인격적인 까르마의 힘에 따라 작동하는 것으로서 개개인으로 하여금 긴 윤회의 과정을 거치게 한다.『바가바드기따』는 아지비까와 여러 면에서 다르지만 몸이 비인격적인 힘들에 따라 각자 세상에서의 지위에 맞게 행동할 수 있다고 말하는 점에서는 일치한다.『바가바드기따』에서는 그 몸의 주인이 자신의 진정한 정체성을 깨달을 때 이러한 일이 가능해지는 반면 아지비까에서는 그런 전제조건이 없다. 그럼에도 불구하고 둘 사이의 유사점은 놀라울 정도이며, 단순한 우연의 일치로 보기는 힘들다.

　『바가바드기따』에서 설해진 사고방식의 사회적 파급력은 쉽게 가늠이 된다. 자신이 태어나면서 속한 사회적 지위에 순종하는 것은 보다 진전된 정신 상태의 징표가 된다. 심지어 그것은 해탈을 얻기 위한 조건이기도 하다. 자신이 아니라 비인격적인 힘들이 자신의 행위에 대해 책임이 있다는 것을 이해하는 자라면 그 비인격적인 힘들이 하는 일을 방해하지 않을 것이다. 그 결과는 삶에서의 자신의 지위와 일치하는 처신이다. 브라만은 브라만답게 행동할 것이며, *끄샤뜨리야*는 *끄샤뜨리야*답게, 바이샤는 바이샤답게, 슈드라는 슈드라답게 행동할 것이다. 아무도 항의하지 않을 것이며, 모두가 불평 없이 사회계급을 받아들일 것이다. 사회로부터의 탈출을 추구했던 집단에서 처음에 계발된 사상이 이런 식으로 브라만들이 구상한 사회의 대들보가 되어 버린 것이다.

이 장을 마무리하면서 업보윤회사상이 뿌라나(Purāṇa)로 알려진 중세 (그리고 수많은) 브라만교 문헌에 어떻게 기록되었는지 간단하게 언급하고자 한다. 이 문헌들은 소위 말하는 업보(業報, karma-vipāka)에 대해 논의하기 위해 한 장章을 할애한다. 이 장들은 대체로 지옥에 관해 우주론적으로 설명하는 맥락 속에 있는데, 사람들이 죄를 짓고 어떻게 그곳에 가게 되는가를 설명한다. 여기에는 지은 죄에 합당한 고초가 아주 상세하게 묘사되어 있다. 반면 까르마 법칙에 저해될 수 있는 속죄에 관한 내용을 담은 장들이 종종 그 뒤를 잇기도 한다. 달리 말하자면, 뿌라나는 세상사에 영향을 준다고 믿어지는 더 오래된 베다적 개념을 포기하지 않으면서 (소위) 까르마적 수사법을 쓰고 있는 것이다.

제4장 까르마와 철학

업보윤회사상을 수용하는 것과 그것의 작동 방식과 근거를 이해하는 것은 완전히 다른 문제이다. 이는 이 사상을 수용한 자들, 특히 이런 주제들이 합리적인 탐구의 대상이라고 생각한 자들 모두가 직면한 문제이다. 자이나교, 불교 및 브라만교의 지식층 엘리트 대부분이 이 문제에 직면했다. 특히 기원후 1~2세기 이후는 더욱 그러했다. 그 시기부터 인도아대륙에는 하나의 철학 전통이 확립되었는데, 그것은 우리가 살고 있는 이 세상, 특히 우리 인간과 관련된 양상들을 설명해 주는 사상체계로 발전한다.

이 철학 전통은 다양한 표명 가운데 업보윤회와 관련된 문제도 다루는데, 사상가들은 두 가지 질의에 주목했다. 첫 번째는 어떻게 해탈이 가능한가이다. 대부분의 철학 학파들은 이 질문을 그 핵심에 두었다. 상당히 설득력 있는 이유가 있었기 때문이다. 해탈을 성취하기 위해서는 세상의 본질과 세상에서의 인간의 위치에 대한 특별한 성찰이 요구되는데, 인도의 고전철학 체계들은 그 자체가 바로 그런 성찰에 대한 표출이라고 말한다. 그들은 각각의 철학에 대한 철저한 이해가 해탈의 전제조건이 된다고 입에 발린 소리처럼 말한다(때로는 그 이상). 기본 입장은 학파마다 달랐는데, 각자 자기 학파가 제공하는 지식을 통해서만 해탈에 이를 수 있다고 주장했다.

두 번째 질문은 보다 일반적인 것이다. 인도철학자들은 해결책(업보 윤회로부터의 해탈)에 대한 이해 말고도 "해탈에 근접해 있지 않거나 아예 무관심한 이들의 경우 업보는 어떻게 작동하는가?", "이생에 범한 행위의 과보를 내생에 받게 되는 메커니즘은 과연 무엇인가?"와 같은 문제에 관심을 가졌다.

이 문제는 두 가지 측면이 있는데, 둘 다 행위가 흔적을 남기는 것을 당연시한다. 대개는 이 흔적이 사람에게 달라붙어 남아 있다고 보거나, 한 생에서 다음 생으로 윤회하는 사람의 어느 한 부분에 남아 있다고 본다. 따라서 이 문제의 첫 번째 측면과 관련해 사람 안에 있으면서 윤회하는 그것이 무엇인지, 그리고 앞서 행한 행동의 흔적이 어떤 행태로 그 사람과 함께하는지에 대해 답해야 한다. 비교적 덜 복잡하다고 할 수 있다.

또 다른 측면도 있다. 전생의 행위가 어떻게 내생의 과보를 초래할 흔적을 남기는가라는 의문이 풀린다 해도, 어떤 메커니즘에 의해 그 과보가 윤리적 성격을 갖게 되는 지에 대한 질문에는 그것이 여전히 답이 되지 못한다는 것이다. 선한 행위는 좋은 결과를 낳고 악한 행위는 나쁜 결과를 낳게 만드는 것은 도대체 무엇인가? 이 질문에 대한 답이 생각보다 훨씬 어렵다는 것을 알게 될 것이다. 실제로 업보의 문제는 인간의 지적 능력을 넘어선다고 여러 문헌에서 누누이 언급하고 있다. 예를 들어 연대 미상의 브라만교 문헌인 『데비바가바따 뿌라나(Devībhāgavata Purāṇa)』(6.10.34)는 다음과 같이 말한다. "숨 쉬고 있는 피조물의 몸에 묶여 있는 까르마의 여정은 깊고도 신비로워 신들조차 이해하기가 어렵다. 그런데 어떻게 사람이 이를 이해할 수 있겠는가?" 『마하바라따』(3.32.33)는 이렇게 표현한다. "선행과 악행의 과보, 그 시작과 끝은 신들에게도 미스터리이다." 바수반두 (Vasubandhu)의 『아비다르마꼬샤 브하샤(Abhidharmakośa-bhāṣya)』 (126, 구사론俱舍論)에 따르면 붓다도 "중생의 업보는 이해할 수 없다"라 고 말했다.

이 두 번째 측면은 패배를 쉽게 인정할 수 없었던 기원후 초반기의 인도사상가들에게는 큰 도전이 되었다. 이는 인간 행동과 연관된 목적 지향적 메커니즘, 즉 목적론에 관한 논쟁을 야기했다. 행위의 과보는 그 행위를 한 사람의 목적에 항상 부응하는 것은 아니다(악인도 보통은 벌 받기를 원하지 않는다). 따라서 이 문제는 인간의 목적 지향적 행동과는 관련이 없다. 사실 자신의 악한 행위로 인한 부정적인 결과를 의식적으로 추구할 사람은 없을 것이다. 과보를 받는 사람의 목적은 아니지만 그것에 영향을 주는 어떤 목적을 추구하도록(그리고 그것을 얻도록) 작용하는 다른 요소가 분명 있을 것이다.

대부분의 인도철학 학파에 영향을 끼쳤던 까르마의 목적론 관련 문제는 나중에 따로 논의될 것이다. 여기에서는 먼저 주요 학파들이 해탈의 가능성을 실현시킬 실재에 대한 그림을 어떤 방식으로 구상했 는지, 또한 행위가 사람 안에 남긴 흔적, 즉 내생에 과보를 초래하는 그런 흔적과도 같은 특성을 어떤 방식으로 구체화했는지를 먼저 고찰할 것이다.

아비다르마불교와 인도철학의 발단

인도에서의 체계적인 철학은 불교 내부에서, 구체적으로는 기원전 마지막 몇 세기에 걸쳐 인도아대륙 북서부에서 발전한 아비다르마불교[3]에서 시작된다. 불교 성전인 삼장三藏의 세 번째 '장'인 논장論藏은 아비다르마(abhidharma, 법에 대한 분석)를 다룬다. 이 성전의 전체 형태는 두 버전으로 남아 있다. 하나는 남방상좌부(南方上座部, Theravāda)에 속하며(현재는 주로 스리랑카와 동남아시아 몇몇 나라에서 발견됨), 다른 하나는 설일체유부(說一切有部, Sarvāstivāda)에 속한다. 후자는 현재 사라진 학파이지만 이 학파 소속의 많은 문헌들은 현존한다. 일부는 산스끄리뜨어로도 남아 있지만 한역이 더 많다.

아비다르마불교는 붓다의 가르침을 보존하고 분석하는 일에 관여한다. 붓다의 가르침으로 믿어지는 설법을 보존하는 경장經藏과는 달리 아비다르마에서는 그 설법에 등장하는 다르마(dharma)라고 하는 핵심 개념들을 열거·분류하고 조직화 한다. 이러한 작업이 지나치게 상세하게 되어 있어 아비다르마 논서들을 읽는 데는 많은 인내가 필요하다. 이런 과도한 장황함이 때로는 인도철학체계의 시작을 알리는 이 중대한 학문적 위업을 가리기도 한다. 특히 설일체유부의 논서들이 그러하다.

사실 테라바다 논장의 내용과 설일체유부 논장의 내용 사이에는 중요한 차이점이 있다. 요컨대 후자에 속하는 문헌에는 전자에 결여된 특징이 있다. 논리 정연한 존재론을 창출해 내는 방식에 따라 다르마 목록을 해석하려는 시도가 바로 그것인데, 여기서 존재론은 우리에게 익숙한 세계가 생성되기 위해 어떤 실체들이 존재하며 어떻게 그들이 상호작용하는지에 관한 구상을 말한다. 요약하면 다음과 같다. 다르마들은 존재하는 실체일 뿐만 아니라 존재하는 모든 것의 궁극적 구성요소로 간주된다. 예를 들어 인간은 물질과 정신적 구성요소의 거대한 집합체로 여겨지며, 현존하는 다르마 목록은 이 역할에 적합한 것으로 해석되었다. 인간이 아닌 유정들도 이런 방식으로 이해되었고, 무정물들은 오직 물리적 다르마로만 구성된 것으로 보았다. 설일체유부는 이와 같이 모든 존재하는 것을 원자론적으로 이해하는 방식으로 발전했는데, 여기에서 말하는 '원자'는 물리적 의미 이상의 것으로 이해되어야 한다. 구성하고 있는 다르마 대부분이 정신적인 것이기 때문이다. 실체에 대한 이런 원자론적 관점에 시간이라는 확장된 의미가 부여된다. 즉 다르마는 찰나적이어서 한 순간만 지속한다는 것이다. 따라서 유정과 무정의 존재들은 생겨나자마자 사라지는 개개 다르마의 방대한 집합체로 간주되었다.

이 존재론에 추가적인 주장이 더해졌다. 오직 궁극적 구성요소만 실재적 존재이며, 이것으로 구성된 것은 실재하지 않는다는

것이다. 이런 급진적 주장은 단번에 우리의 경험 대상을 무無로
만들어버린다. 불교 문헌에 따르면 숲은 나무를 떠나 있을 수
없고, 마차는 바퀴나 차축이나 그것을 구성하는 그 무엇을 떠나
존재할 수 없으며, 결과적으로 사람이나 모든 것이 다르마를
떠나서는 존재할 수 없다.

실재를 분석하는 이런 급진적 방법(설일체유부는 이것이 붓다의
말씀에 기초한 것이라고 믿었지만, 냉철한 역사적 연구를 통해서도 이
말은 전혀 사실이 아니다)은 다양한 의문을 야기할 수밖에 없었으
며, 불교 주석가들은 진지하게 그에 답하려 노력했다. 특히 시급
했던 질문이 하나 있었다. 만약 세상이 사람, 집 혹은 마차와
같은 보통의 사물로 구성된 것이 정말 아니라면 도대체 어떻게
우리 모두는 그들이 있다고 믿는 것일까? 답은 우리가 언어에
의해 전도되었다는 것이다. 마차라는 단어가 있기 때문에 **마차**가
있고, **사람·나** 등등과 같은 단어 때문에 사람이 있다고(그리고
우리가 사람이라고) 생각한다는 것이다.

설일체유부에서 전개된 사상은 이후 몇 세기 동안 비불교 학파를
포함하는 다른 철학 학파들에 지대한 영향을 미쳤다("바이셰시까:
설일체유부에 대한 대응"과 "인도철학이 공유하는 문제들"이라는 제목의
글상자를 보라). 그럼에도 불구하고 어떤 이론은 이 학파의 이름이
될 정도로 중요했는데도 다른 이들에 의해 계승되지 않았다.
Sarvāstivāda(설일체유부)에서 Sarvāsti는 각각 '모두'를 의미하는
sarva와 '존재하다'를 의미하는 asti로 구성되어 있으며, 모든

것—현재, 과거 및 미래의 것들—이 존재한다는 이론을 지칭한다. 실제로 이 학파는 과거와 미래의 것들이 특정한 방식으로 존재한다는 결론에 이르렀다. 언뜻 보기에 특이한 이 입장은 여기에서 굳이 논할 필요가 없는 어떤 철학적 문제를 해결하도록 해주었다. 어쨌든, 이 학파가 일단 학파로서 성립된 후 수 세기에 걸쳐 직면하게 된 여러 문제들을 해결하는 데 도움이 되었다. 그 예는 아래 본문에서 다루어질 것이다.

설일체유부의 이러한 학문적 전개 이전에 철학을 체계화 하려는 그 어떤 시도도 불교 안(그리고 인도 전반)에 없었다. 이 점은 이러한 발전이 왜 있게 되었는지에 대한 의문을 불러일으킨다. 답을 얻고자 한다면 기원전 2세기 이후의 인도 북서부라는 시대와 지역이 고려되어야 할 것이다. 이 시기 그곳은 문화와 정치에 있어 헬레니즘의 막강한 영향하에 있었다. 사실 마케도니아 알렉산더 대왕의 그리스 후예들은 인도아대륙의 이 지역을 기원전 150년까지 통치하고 있었으며, 그 이후 몇 세기 동안 그들의 문화적 영향력은 지대했다. 그리스인들에게는 강한 논쟁의 전통이 있었으며, 그 지역에 정착한 불교 전법사傳法師들은 잠재적 개종자들과 논쟁해야만 했을 것이다. 결과적으로 그들은 기존 불교에는 없었던 비전, 곧 세상에 관한 지속적이고도 일관된 비전을 대론자에게 제공해야 했다.

---

3 저자가 말하는 'Buddhist scholasticism'은 '불교 번쇄철학' 또는 '불교 학문주의' 보다는 그 특징으로 대표되는 '아비다르마불교'로 번역하는 것이 더 적합해 보인다.

까르마와 불교철학

인도에서 업보윤회를 수용한다는 말은 곧 이를 종식시킬 방법이 있다는 말이다. 우리가 보유하고 있는 자료의 대부분은 업보윤회를 완전히 끝낼 수 있는 방법을 안다고 주장하는 그 당시의 신흥종교들에 속한다. 이들 자료의 관심 사안은 주로 해결책과 관련된 것이며, 업보의 기능 자체는 부차적이다. 많은 브라만들은 불변하고 비활동적인 자아의 본성에 대한 지식이 해탈도에 필수 요소라는 생각에 사로잡혀 있었다. 자연히 많은 브라만계 학파들은 세상에서 활동하면서 사는 인간이 어떻게 전혀 활동하지 않는 (가장 깊은 심연에 있는 자아나 영혼과 같은) 핵심체를 보유할 수 있는가라는 질문에 흥미를 느끼게 되었다. 이들 체계에 관해서는 다음 절에서 더 살펴볼 것이며, 여기서는 불교철학에 집중할 것이다.

불교의 해탈도에서 자아에 대한 지식은 어떠한 역할도 하지 않았다. 많은 불교도들은 한 단계 더 나아가 자아는 없으며, 한 몸에서 다른 몸으로 윤회하면서 지속하는 핵심체는 없다고 주장했다. 이 사상은 불교 내부에서 유력해진 또 다른 사상을 배경으로 하여 중요시 되었는데, 그에 따르면 모든 존재하는 것은 찰나적이라고 한다. 따라서 생류는 찰나적 실체의 집합인 것이며, 이들 생류 가운데 한 찰나 이상 지속하는 것은 없게 된다. 이러한 철학을 배경으로 할 때, 윤회라는 개념 자체가 문제가 되는 것은 분명하다. 한 찰나보다 더 오래가는 것이 없다면 윤회하는 것은 무엇인가? 윤회하는 것이 없다고 결론을 내려야만 한다면 우리는 어떻게 윤회를 가늠해야 할까? 정말 사람에게서 한 찰나도 지속되는 것이 없다면, 어떻게 어느 한 사람에 대해서라도 말하고 생각할 수 있을까? 만약 '내'가 찰나적 실체의 흐름에 불과하다면 '당신'도 만찬가지다. 그렇다면 어떻게 찰나적 실체의 두 흐름-'나'의 흐름과 '당신'의 흐름-이 따로 분리된 채 지속될 수 있는가?

불교사상가들은 찰나적 실체들로 이루어진 서로 다른 흐름들이 연속적이라는 조건에서는 이런 질문들이 답해질 수 있다는 것을 곧 깨달았다. 물 입자로 구성된 어떤 강의 연속적인 흐름이 다른 강의 연속적인 흐름과 다르기 때문에 우리가 두 강을 구분할 수 있는 것처럼, 한 사람을 구성하는 찰나적 실체들은 다른 사람을 구성하는 찰나적 실체들과 구분될 수 있는 것이다.

하지만 이 비교는 어느 정도까지만 도움이 된다. 강의 물 입자들은 찰나적이지 않은 반면 사람을 구성하는 실체들(그리고 이와 관련된 모든 것들)은 찰나적이다. 이들 구성 요소들을 혼란스럽게도 '다르마'라고 불렀다. 이 용어가 혼란스러운 이유는 [브라만 철학에서는] 다르마가 '덕德'을 의미하기도 하는데, 이들 (복수의) 다르마들은 이와는 전혀 상관없기 때문이다. 다르마로 불리는 불교의 실체들은 찰나적이지만 전후의 다른 다르마와 함께 연속적 고리를 형성한다. 이것이 가능한 것은 다르마가 엄격한 인과법칙을 따르기 때문이다. 초기불교 전통은 '연기緣起'라고 하는 인과법칙을 보전했다. 초기에도 이 법칙에 대한 정확한 해석이 모호했지만 이 연기법이 연속하는 찰나적 다르마의 고리에 질서를 부여하는 것으로 여겨졌다. 그 규칙성으로 말미암아 우리가 아는 이 세상에는 질서가 존재하게 되며, 결국엔 찰나적 실체의 집합에 불과하더라도(적어도 잠시) 시간 속에서 지속하는 사람과 사물이 있게 된다.

사람의 연속성에 관한 질문은 초기 문헌인 『밀린다빤햐(Milinda-pañha)』(40, 나선비구경那先比丘經)에서 발견된다. 여기에서 나가세나(Nāgasena)라고 하는 비구는 밀린다(Milinda)왕과 토론을 벌인다. 밀린다는 기원전 2세기 인도 북서부를 통치했던 그리스의 왕 메난드로스(Menandros)의 인도식 이름이다. 둘 사이의 긴 토론 가운데 다음과 같은 내용이 나온다.

왕은 말했다. "나가세나이시여, 태어난 자는 계속 같은 사람입니까? 아니면 다른 사람입니까?"

"같은 자도 다른 자도 아닙니다."

"예를 들어주시지요."

"왕이시여, 어떻게 생각하십니까? 왕께서는 한때 아주 연약하고 작은, 등을 대고 누워 있던 아기였습니다. 그 아기는 지금 성장한 왕하고 같은 사람입니까?"

"아니오. 그 아이는 그 아이였고, 나는 다른 사람입니다."

"왕께서 그 아이가 아니라면 왕께서는 어머니도 아버지도 없었고, 선생님도 없었던 것이 됩니다. 왕께서는 가르침이나 행실이나 지혜를 배울 수도 없었을 것입니다. 대왕이시여! 첫 번째 단계에 있는 태아의 어머니는 두 번째, 혹은 세 번째, 혹은 네 번째 단계에 있는 태아의 어머니와 다릅니까? 아기의 어머니는 성인이 된 남자의 어머니와 다릅니까? 학교에 등교하는 학생은 그 학생이고 하교하는 학생은 다른 학생입니까? 범죄를 저지르는 사람과 벌을 받아서 손이나 발이 잘리는 사람은 다른 사람입니까?"

"당연히 아닙니다. 그러면 존자께서는 그에 대해 뭐라고 말하시겠습니까?"

장로는 대답했다. "저라면 '나는 지금 성장했지만, 아주 연약하고 작으며 등을 대고 누워 있던 아기와 나는 같은 사람입니다'라고 말하겠습니다. 왜냐하면 그 모든 상태가 이 몸에 의해 하나에 속해 있기 때문입니다."

"예를 들어주시지요."

"왕이시여, 가령 어떤 사람이 등燈에 불을 붙인다고 하면 그 등불은 밤 동안 타겠습니까?"

"예, 그럴 것입니다."

"그렇다면, 밤 일경一更에 타는 불꽃과 이경二更에 타는 불꽃은 같은 불꽃입니까?"

"아닙니다."

"혹은 이경에 타는 것과 삼경에 타는 것은 같습니까?"

"아닙니다."

"그러면 일경에 등불이 하나 있고, 이경에 다른 등불이 있으며, 삼경에 또 다른 등불이 있습니까?"

"아닙니다. 불빛은 같은 등불에서 밤새도록 나옵니다."

"왕이시여, 법(사람이나 사물)의 연속성이 이어지는 것도 꼭 그와 같습니다. 하나가 생겨나고 다른 것이 없어집니다. 마치 이전도 없고 이후도 없는 것처럼 이어집니다. 그러므로 같지도 다르지도 않으며, 이전 의식에 이후 의식이 쌓여갑니다.

연속성은 한 존재와 다른 존재를 연결하는 요소이기도 하다. 다시 태어난 사람은 죽은 이의 연속이다. 같은 『밀린다빤하』의 다음 인용문에서는 다음 생으로 연속되는 당체를 명색(名色, nāma-rūpa; 마음과 몸)이라고 말한다.

왕은 말했다. "나가세나이시여, 무엇이 다시 태어납니까?"

"명색이 다시 태어납니다."

"같은 명색이 또 다시 태어나는 것입니까?"

"아닙니다. 하지만 이 명색에 의해 그것이 선하든 악하든 행위가 이루어지며, 이 행위(까르마)에 의해 다른 명색이 다시 태어납니다."

"존자이시여, 만약 그렇다면 새로운 존재는 그의 악한 까르마로부터 해방되는 것이 아닌지요?"

장로는 대답했다. "만약 다시 태어나지 않는다면 해방되는 것입니다. 그러나 왕이시여, 그 명색은 다시 태어나기 때문에 그의 악한 까르마로부터 해방되지 못합니다."

"예를 들어주시지요."

"왕이시여, 가령 어떤 사람이 다른 사람의 망고를 하나 훔쳤는데, 망고 주인이 그자를 붙잡아 왕 앞에 끌고 가서 '폐하, 이 사람이 저의 망고를 훔쳤습니다.'라고 합니다. 그 도둑은 '폐하, 저는 이 사람의 망고를 가져가지 않았습니다. 저 사람이 땅에 심은 것은 제가 가져간 것과 다릅니다. 저는 처벌받아서는 안 됩니다'라고 말합니다. 그렇다면 이제 그는 처벌받아야 합니까?"

"존자이시여, 물론 그 자는 처벌받아야 합니다."

"그렇지만 무엇을 근거로 합니까?"

"왜냐하면, 그가 뭐라고 말하든 간에 〔주인이 땅에 심은〕 첫 망고에 서 비롯된 마지막 망고로 인해 처벌받아야 합니다."

"대왕이시여, 그와 같이 선하거나 악한 행위는 이 명색에 의해 이루어지고 다른 것이 다시 태어납니다. 그러나 그 다른 것은 이런 까닭에 그의 행위(까르마)로부터 해방되지 않습니다."

아비다르마불교는 다르마들을 빠짐없이 열거하고 그 기능을 분석하기 위해 많은 노력을 기울였다. 초기 문헌 가운데 일부에서는 고와 윤회로부터의 해탈이라는 붓다의 가르침의 목적을 저자들이 망각한 것은 아닌지 하는 의심이 들 정도이다. 이 '목적'에 대해서는 좀 더 후대의 논서에서 다시 드러나는데, 모든 다르마에 대한 지식이 깨달음과 해탈의 전제조건이 된다는 믿음이 이를 촉진시켰다. 이는 더 나아가 왜 그리고 어떻게 이러한 지식이 그와 같은 효과를 내는가에 대한 질문을 야기했다. 이 질문에 답하기 위해 매우 복잡한 이론들이 개발되었는데, 그에 대한 논의는 여기서 너무 멀리 나가기 때문에 적합하지 않다.

결론적으로 말해 아비다르마불교는 여러 종류의 까르마를 구분했다는 점을 유의할 필요가 있다. 그 일부만 예를 들면 다음과 같다. 바수반두의 『아비다르마꼬샤 브하샤』(기원후 4~5세기)는 까르마를 다음과 같이 네 가지로 구분했다. (1) 검은 과보〔흑과보黑果報〕를 가져오는 검은 까르마〔흑업黑業〕, (2) 흰 과보〔백과보白果報〕를 가져오는 흰 까르

마[백업白業], (3) 검고 흰 과보[흑백과보黑白果報]를 가져오는 검고
흰 까르마[흑백업黑白業], (4) 검지도 않고 희지도 않은 과보[불흑불백과
보不黑不白果報]를 가져오는 검지도 않고 희지도 않은 까르마[불흑불백업
不黑不白業]. 이 중 까르마의 소멸로 이끄는 것은 네 번째 까르마이다.
바수반두는 이런 구분을 정당화하기 위해 경전을 인용했으며, 실제로
도 그런 내용이 경전에 나온다. 『비슷디막가(Visuddhimagga)』(청정도
론淸淨道論)의 저자 붓다고사(Buddhaghosa)는 네 가지로 구분한 까르마
를 세 개 이상 소개한다. 그중 첫 번째는 (1) 현생에 과보를 받는
까르마, (2) 내생에 과보를 받는 까르마, (3) 이후의 생에 과보를
받는 까르마, (4) 과보를 전혀 받지 않는 까르마 등이다. 사후의
세계들도 열거되는데, 중생이 다섯 종류의 존재의 영역[오취五趣],
즉 (1) 지옥, (2) 축생, (3) 아귀, (4) 인간 (5) 천상 세계에 다시
태어난다고 하는 것이 널리 받아들여졌다.

까르마와 브라만철학

우리는 앞에서 일부 브라만들이 받아들인 업보로부터 벗어나기 위한
이론들을 살펴보았다. 그 이론들은 상키야라는 이름으로 통하며, 요가
와는 이론적으로 동반 관계에 있다. 요약하자면 요가는 부동의 고행을
통한 해탈을 설했던 반면 상키야는 자아의 진정한 비활동적 본성에
대한 통찰에 의한 해탈을 설했다. 상키야는 비활동적 자아가 어떻게
활동적 세계에 연루되는지를 밝히려고 시도했다. 비활동적 자아 말고
도 비인격적 힘[들]이 우리의 행위에 대해 책임이 있다고 보는 교리가

이러한 해설의 핵심을 이룬다. 다시 말하면, 세상은 두 가지 다른 종류의 '원리'로 구성되어 있다는 것이다. 한편으로는 (모든 생류 각각에 하나씩) 비활동적 자아가 있고, 다른 한편으로는 물질적 세계와 정신적 세계 양쪽을 모두 포괄하는 활동적이거나 또는 활동적임이 분명한 모든 것이다.

상키야가 해결하고자 하는 바로 이 문제가 세계를 두 범주로 나누게 하는데, 우리의 기대와는 달리 이 둘은 정신적인 것과 물질적인 것이라기보다는 비활동적인 것과 활동적인 것이다. 우리가 정신적이라고 하는 전부와 영적이라고 하는 대부분은 여기에서 물질적인 세계와 마찬가지로 활동적인 쪽에 속한다. 모든 활동은 그것이 정신적이든 물질적이든 비인격적 힘에 기인한다. 비활동적인 쪽에는 자아만 있다. 고전 상키야는 각각의 생류에 하나씩인 복수의 자아를 인정한다.

자아가 완전히 비활동적이라면 분명 그에 대해 말할 수 있는 것은 별로 없다. 사실 상키야에서 각각의 자아는 의식이 있다고 주장한다. 하지만 우리는 이것이 현대적 개념으로 잘못 해석되지 않도록 신중히 해석해야 한다. 개별적 자아가 의식이 있다는 것이 자아가 생각할 수 있다는 것을 뜻하지는 않는다. 생각은 활동이기 때문이다. 이 체계의 기본 법칙에 따르면 의식은 비활동적이고, 움직임이 없으며, 불변해야 한다. 움직임 없는 의식이라는 개념은 앞에서 언급한 상키야와 요가의 밀접한 관계를 떠올리게 한다. 요기들이 명상을 통해 경험하는 것이 바로 부동의 의식이라고 생각할 수 있으나 이는 성급한 판단이다. 우선, 초기 자료에 따르면 그 당시의 요기들은 부동의 의식을 얻으려고 노력했다기보다는 무의식 상태를 얻기 위해 애썼다. 둘째, 상키야의 근본 전제나 목표를 감안할 때 거기에는 움직임 없는 자아를 위한 자리만 있을 뿐이다. 만약 그 자아가 의식이 있다거나 의식 그 자체라고 한다면 그 의식 또한 움직임이 없어야 한다. 말하자면 의식을 이런 식으로 생각해야 한다는 조직적인 압력이 있었던 것이다.

세계의 활동적 부분에 대해서는 더 많은 것이 언급될 수 있다. 실제로 상키야 철학은 세계가 영원한 근본원질(prakṛti/pradhāna)로부터 생겨난 다양한 구성요소들로 되어 있다고 주장한다. 요소들은 먼저 근본원질로부터 생기고, 그 다음에 각 우주 주기가 시작될 때 세계가 재창조됨에 따라 규칙적인 순서에 따라 서로에게서 생긴다. 여기에서 가장 중요한 것은 우주의 전개 과정에서 자아의 의식을 반영할 수 있는 실체들이 생긴다는 것이다. 이런 방식으로 한쪽의 의식 있는 자아와 다른 한쪽의 신체적·정신적으로 활동적인 부분의 조합이 발생한다. 이러한 조합이 바로 우리가 보통 인간(또는 다른 생류)이라고 간주하는 것이다. 의식과 활동(신체적·정신적 활동)은 서로 불가분하게 얽혀있는 것으로 보이지만 실제에 있어서는 서로 구별된다. 저변에 깔려 있는 이런 실제에 대한 통찰력은 사람들로 하여금 얽힌 매듭을 스스로 풀게 하고, 근본적으로 비활동적인 자기 본성과 업보와의 비연류성을 깨닫게 한다. 이런 종류의 지식이 해탈로 이끈다.

바이셰시까(Vaiśeṣika)라고 하는 또 다른 유력한 브라만계 학파는 보다 정교한 체계를 고안했다. 그에 따르면 세계는 근본적으로 실체(實體, dravya), 속성(屬性, guṇa) 및 운동(運動, karma)으로 구성되어 있다. 이것은 "파란 꽃병이 탁자 위에 놓여 있다"라는 일상적인 진술을 통해 잘 설명된다. 여기에서 물병과 탁자는 실체이고, 파란색은 꽃병에 있는 속성이며, 놓여 있다는 것은 꽃병의 운동이다. 이 구조는 일반적이지 않은 상황이나 사물에도 적용될 수 있도록 확장된다. 예를 들어 내면 가장 깊은 곳의 자아는 편재遍在하고 영원한 실체로 분류되는데, 인도의 보편적 믿음에 따르면 편재하는 것들은 움직일 수 없다. 한편 바이셰시까에서는 움직임을 활동의 전형적인 형태로 보기 때문에 그에 따르게 되면 편재하는 것들은 활동이 없게 된다. 어떠한 행동도 하지 않는 자아가 필요하게 된 시기에 이러한 해석이 유용하게 되었는데, 이는 정확히 바이셰시까가 바라던 바이기도 했다. 하지만 (꽃병과 같은) 일반적인 실체가 (색과 같은) 속성을 갖는 것처럼 자아도 실체로서 어떤 속성을 지니고 있어야 했다. 자아를 위한 일련의 특정 속성들이 고안되어야 했고, 바이셰시까 학파는 실제로 그렇게 했다. 이 학파는 오직 자아에만 있을 수 있는 몇몇 속성들을 소개했다. 흥미롭게도 여기에는 의식이 포함되어 있다. 이는 다른 인도철학 학파에서는 찾아볼 수 없는 전혀 다른 개념의(자아의 속성으로서의) 의식이다. 바이셰시까에게 있어 의식은 자아와 동일하지 않고 '단순히' 자아의 속성에 불과하기 때문에 그것이 자아처럼 불변이고 움직임 없는 것일 필요는 없었다. 상키야 학파의 입장이 바로 이러한데, 쉽게 말하자면 구조상의 이유 때문이었다. 그에 따르면 자아는 의식과 다르지 않으며, 따라서 활동적일 수 없다. 바이셰시까의 상황은 전혀 다르다. 분명히 자아는 활동이 없다. 하지만 의식은 분리될 수 있는 자아의 속성이므로 그렇지 않다. 이런 특수한 상황은 많은 것을 함축한다. 생각과 같은 의식의 과정은 있을 수도 있고 있기도 하겠지만 그것은 속성이기 때문에 자아와는 같지 않다. 더욱이 자아는 그 자체로 속성이 결여되어 있어서 편재하고 영원할 뿐만 아니라 의식이 없다. 그러므로 모든 속성으로부터 자신을 자유롭게 하는 데 성공한 해탈한 사람 또한 의식이 없다.

바이셰시까: 설일체유부에 대한 대응

바이셰시까의 존재론은 설일체유부의 존재론에 대한 대응이라고 할 때 가장 잘 이해된다. 앞서 설일체유부의 존재론이 존재하는 모든 것(다르마)에 대한 완벽한 목록을 구성하고 있으며, (전차나 사람과 같은) 복합체의 존재는 인정하지 않지만 언어의 도움으로 그런 존재에 대한 우리의 믿음을 설명한다(전차라는 말은 이 세상에 전차가 있다는 것을 믿게 함)고 한 것을 상기해 보라. 브라만계 학파인 바이셰시까는 불교의 설일체유부에 동조하지 않았으며, 가능한 모든 면에서 그와는 차별화하려 했다. 설일체유부가 존재하는 모든 것에 대한 목록으로서 다르마 목록(붓다가 선언한 것으로 믿어짐)을 받아들인 것에 반해 바이셰시까는 전혀 다른 목록을 만들었다. 설일체유부가 인정하지 않은 복합체의 존재에 대해 바이셰시까는 오히려 강조하며 인정했는데, 예를 들어 전차를 구성하는 부분들과는 다른 별도의 전차가 있다고 주장했다. 그리고 설일체유부가 언어에 대응하는 사물(전차 등)이 실재한다고 생각하게끔 언어가 우리를 속인다고 주장한 것에 대해 바이셰시까는 언어는 실재하는 사물에 대응하는 것이라고 주장했다. 흥미롭게도 바이셰시까는 이처럼 세부적인 모든 면에서 설일체유부와 차별화함으로써 설일체유부와 매우 유사한 구조의 존재론을 갖게 되었다. 둘 다 존재하는 모든 것에 대한 완벽한 목록을 갖고 있었고, 둘 다 우리가 경험하는 세상은 언어에 대응한다고 주장했던 반면, 복합 실체에 관해서는 극단적으로 서로 다른 두 입장을 취했다.(설일체유부에 따르면 전차와 그 밖의 복합체는 존재하지 않는다. 바이셰시까에 따르면 그것들은 존재하며, 그 구성 부분들과는 완전히 다르다.) 바이셰시까는 물질과 시간에 관해 기본적으로 원자론적인 관점을 채택했다는 점에서도 설일체유부를 모방했다.

바이셰시까가 존재하는 모든 것의 목록을 해석하는 방식은 설일체유부와 달라야만 했고, 언어와 사물이 서로 대응한다는 설일체유부의 믿음에 영향을 받았거나 그에 의해 결정되기도 했다. 바이셰시까 추종자들은 산스끄리뜨 문법가로부터 단어의 주요 형태가 명사, 동사 및 형용사 등 세 가지라는 것을 배우게 되었으며, 이로부터 세상에 있는 '사물'이 주로 실체, 운동 및 속성이라는 세 가지 범주로 분류된다는 결론을 냈다. 그들은 이 근본적 세 범주에 몇 가지를 더 추가했다. 복합물이 그 구성하는 부분들과 다르다는 가정은-꽃병을 예로 들면- 그것이 꽃병이라는 사물과 〔그것이 둘로 나뉠 경우〕 그것의 두 개의 반쪽이라는 세 가지 다른 사물로 구성되어 있음을 수용하게끔 했다. 이로 인해 꽃병은 그 두 반쪽 중 하나와 어떤 관계로 연결되어 있는가라는 질문에 답해야만 했다. 그들은 다른 곳에서도 유용한 것으로 증명된 관계인 '내속(內屬, samavāya)'을 생각해 냈다. 그것은 서로 분리될 수 없는 '사물'을 연결시킨다.

운동(전차의 움직임)과 그것의 실체(전차)가 그러하듯이 속성(색)은 그것의 실체(책상)와 바로 이 내속에 의해 연결되어 있다. 꽃병을 그것의 두 반쪽 중 하나로부터 제거하거나 색을 색이 있는 대상으로부터, 운동을 움직이는 실체로부터 제거하는 것은 불가능하다. 이 목록에 추가된 또 다른 것은 보편(普遍, sāmānya)이다. 그것은―또 다시 내속에 의해― 같은 말(단어) 안에 들어오는 모든 개체 속에 있다. 고양이, 개, 브라만 등이 그러하듯이 꽃병은 보편을 가지고 있다.("인도철학에서 류類, 종種 및 보편普遍"이라는 제목의 글상자를 보라.)

기본 범주의 총 숫자는 저자에 따라 다소 달랐다. 대다수가 여섯 범주를 제안했지만 일부는 여기에 몇몇 범주를 추가함으로써 그 수가 늘어나기도 했다.

일단 기본 범주의 목록이 정해지면 모든 것이 이 틀에 맞춰져야 했다. 예를 들어 자아는 운동이나 속성(혹은 어떤 추가된 범주)일 수 없기 때문에 실체여야만 한다. (색깔과 같이) 다른 실체에서 일반적으로 발견되는 것과는 완전히 다른 속성일지라도, 자아는 다른 실체처럼 속성들을 가질 수 있다. 그런 속성 중 하나가 지식 혹은 의식이다. 그러나 편재하는 실체는 움직일 수 없기 때문에 운동은 자아에 내재할 수 없다. 자아에 대한 지식과 그의 비활동적 본성이 업보로부터의 해방을 위한 전제조건이라는 것을 감안할 때 이 점은 바이셰시까에 매우 적합했다.

바이셰시까 철학에 대해 좀 더 구체적으로 살펴보자. 여기서 주목해야 할 것은 이 철학이 확실히 세상에 대한 명확한 그림을 제공해준다는 것이다. 또한 이런 류의 통찰력이 자아의 속성들을 제거해 결국 모든 속성들로부터 해방시킴으로써 사람들로 하여금 업보윤회에서 벗어난 영원·불변의 자아로 돌아갈 수 있는 길을 제시한다는 것이다. 이렇게 유별난 이해의 결과는 해탈된 자아가 무의식이라는 것이다. 따라서 이 학파의 추종자들에게 있어 해탈이란 모든 의식이 결여된 영원한 상태를 말한다. 해탈한 사람은, 어떤 문헌의 표현을 빌리자면, "돌과 같다"고 했다.

가장 깊은 심층에 있는 자아가 비활동적인 이유에 대한 다른 답안들도 제안되었는데, 비교적 후대(서기 500년 이후)에 논쟁에 가담해 큰 호응을 얻은 답안은 아드바이따 베단따(Avaita Vedānta, 불이일원론)라는 학파가 내놓은 것이다. 그에 따르면 우리가 일상적으로 경험하는 자아는 다른 요소들이 혼합되어 있기 때문에 우리의 내면 심층에 있는 진정한 자아가 아니라고 한다. 진정한 자아는 우리가 경험하는 세계의 이면에 있는 최고 원리인 소위 브라흐만과 동일하다. 브라흐만은 사실 순수 그 자체의 비활동적 의식이다. 그러므로 우리의 심연에 있는 내적 자아가 브라흐만과 동일하다는 깨달음은 우리를 까르마의 과보로부터 해방시킨다.

아드바이따 베단따는 한 걸음 더 나아간다. 브라흐만이 우리의 경험 세계 배후에 있는 최고의 원리인 동시에 비활동적이라는 사실 때문에 일상적인 세상의 끊임없는 활동은 문제가 될 수 있다. 이에 대해 우리가 사는 일상 세계는 환상일 뿐이며 실제로는 존재하지

않는다고 답한다. 이는 매우 급진적인 입장이다. 이제껏 일상 세계의
실재를 강조하면서 이를 부정하는 불교도들을 비난했던 브라만계에서
처음에는 공감을 얻지 못했을 것이다. 따라서 아드바이따 베단따의
초기 사상가였던 샹까라(Śaṅkara)는 브라만교 내부에서 반대에 부딪
혔다. 어떤 브라만들은 그를 심지어 '가면을 쓴 불교도'라고까지 불렀
다. 이런 입장에도 불구하고 샹까라와 그 후학들의 아드바이따 베단따
는 오늘날까지 인기가 상당히 높다.

상키야 철학에는 물질로 된 우리의 몸이 죽음을 극복할 수 없으며,
윤회는 새로운 몸의 형성을 의미한다는 내용이 담겨 있다. 이 관찰에
의하면 과거 행위의 흔적은 물질로 된 몸에 의해 다음 생으로 전이될
수 없다. 자아는 순수 의식이고 불변하기 때문에 마찬가지로 이런
일을 할 수가 없다. 따라서 이 학파의 사상가들 대부분은 자아 혹은
물질로 된 몸과는 뭔가 다른 어떤 존재를 상정해야 했다. 그들은
그것을 '미세한 몸'이라고 불렀다. 모든 생류―모든 자아―는 물질로
된 몸과는 달리 죽을 때 끝나지 않고 다음 존재로 이전하는 미세한
몸을 지니는 것으로 믿어졌다. 사실 하나의 미세한 몸은 세계의 창조에
서 소멸에 이르기까지의 전 우주기간 동안 모든 개개의 자아와 동반한
다. 미세한 몸은 정신적인 부분이 있는데, 내생과 업보에 대해 책임이
있는 '성향'과 관련이 있는 곳이다. 성향에는 덕(dharma)과 악덕(adha-
rma), 지식과 무지, 무심과 무심의 결여, 힘과 힘의 결여 등 여덟
가지 다른 범주가 있다. 이들 네 쌍 가운데 첫째 항목들이 긍정적인
결과를 갖는다면 둘째 항목들은 부정적인 결과를 낸다. 자아의 진정한
본성에 대한 지식은 해탈로 이끌기 때문에 예외로 한다.

　성향은 업보를 초래하는 수단이 된다고 여겨졌지만, 이를 활용한 업보에 대한 상키야의 설명은 그 자체로 문제가 되었다. 이 성향은 필연적으로 근본원질(prakṛti)의 전변轉變으로 간주되었고, 이로 인해 상키야 추종자들은 몇 가지 심각한 문제에 직면하게 되었다. 왜냐하면 근본원질은 한 세계의 해체 이후와 그 다음 세계의 시작 이전에 근원적 상태로 완전히 해체되기 때문이다. 어떠한 업의 흔적도 그런 용해된 상태를 견딜 수 없을 것이다. 바로 이것이 문제시되었다. 극단적으로 볼 때 한 세계의 기간 동안 해탈한 사람은 다음 세계에서 모두 다시 시작해야 할 것이다. 이것은 상키야든 비상키야든 상관없이 가장 근본적인 신념에서 어긋나는 것이다. 이런 결론을 피하기 위해 다양한 방법이 모색되었지만 만족스러운 답을 찾기는 쉽지 않았다. 어떤 상키야 사상가는 세계의 주기적 파괴와 재창조를 모두 부정하는 데까지 이르지만 이는 너무 극단적이어서 '상키야의 파괴자'라는 별명까지 얻게 된다. 이 문제는 이 학파를 당혹스럽게 했고 내적 불화의 원인이 되었다.

　바이셰시까 철학은 인간의 자아가 특정한 속성들을 수반할 수 있지만 반드시 수반해야 할 필요는 없는 실체라고 생각했다. 자아는 특수한 종류의 실체이기 때문에 그 안에 내재하는 속성도 특별하다. 우리는 이미 의식에 대해 논의한 바 있는데, 그것은 상키야의 부동의 의식 같은 것이 아니라 내용, 즉 지식을 갖춘 활동적인 의식이다. 자아에만 내재된 속성들도 있다. 심리학적 이론의 요소로 구성되어 하나의 시리즈를 형성한다.

　자아에 내재된 주요 속성은 지성(buddhi), 즐거움(sukha), 괴로움

(duḥkha), 욕망(icchā), 혐오(dveṣa), 노력(prayatna), 덕(dharma), 악덕(adharma), 잠재인상(saṃskāra) 등이다. 이 열거된 순서는 임의로 된 것이 아니다. 어떤 대상에 대한 지식─보통은 지각─은 그 대상과 관련된 즐거움이나 괴로움이라는 경험에 앞서고, 이것은 차례로 각각 욕망이나 혐오를 일으키며, 그 다음에 욕망과 관련된 대상을 얻으려 하거나 혐오와 관련된 대상을 피하려는 각각의 노력이 있게 되고, 결과적으로 덕과 악덕뿐만 아니라 잠재인상이 생기게 된다.

바이셰시까 학파는 인간 행동을 설명하기 위해 행동주의적 경향을 보이지만 '내적' 경험과 관련된 용어의 사용을 피하지는 않는다. 좋은 경험으로 이끄는 행동은 반복되고, 나쁜 경험으로 이끄는 행동은 이후로는 회피된다. 욕망과 혐오는 조건적인 행동을 수반하는데, 앞서 행한 행동을 반복하게 하거나 회피하게 한다.

여기에서 굳이 자아에 내재하는 여타의 속성들에 대해 구체적으로 논의할 필요는 없다. 하지만 여기서 언급된 전 과정이 자아에서 이루어진다는 것을 주목해야 한다. 그 과정은 자아의 속성들이 상호작용하는 것인데, 대부분 신체적 행위와는 거리가 있다. 유일하게 예외적인 것은 노력(prayatna)이다. 자아의 이러한 속성은 물리적 실체와 연결된다. 무언가를 하려고 노력하면 신체는 반응을 하고 의도된 행위를 한다. 이 행위는 차례로 자아에 영향을 준다. 만약 좋은 행위를 하면 덕의 속성이 자아에 나타나고, 나쁜 행위를 하면 악덕의 속성이 나타난다. 이 둘을 가지고 자아로 회귀하는데, 이것이 이야기의 끝이 아니다. 왜냐하면 덕과 악덕이라는 속성은 자기 흔적을 자아의 다른 속성인 잠재인상의 형태로 남기기 때문이다. 이 잠재인상은 대개는 내생에 있게 될 업보의 원인이 된다.

자아에서 모든 속성을 제거하는 것은 가능하다. 이는 지속적이고 집중적인 노력을 요구하며 결국은 사라져버린다. 만약 성공한다면 자아는 모든 속성이 비워져 '돌과 같이' 의식이 없게 된다. 이제 어떤 류의 노력이 요구되는지가 분명해진다. 이는 경험에 근거하는 즐거움의 추구와 괴로움의 회피로는 결국 성공하지 못한다는 바른 지식에서 출발한다. 자아의 속성들과 결합된 심리적 메커니즘에 연루되어 있는 한 괴로움은 지배적일 수밖에 없다. 이 모두는 그 어느 곳으로도 인도하지 못한다는 이해를 통해서만 우리는 그러한 연루를 끊을 수 있고, 즐거움과 고통으로부터 발생하는 욕망과 혐오를 피하게 된다. 또 즐거움을 증장하고 고통을 줄이려는 것이 실은 업보로 이어지는 덕과 악덕을 초래하는 결과로 이끄는, 그런 수고를 억제하게 된다. (바이셰시까 철학에 대한 이해를 포함한) 완벽한 이해는 필수이며 사람들도 하여금 관련된 일에 대한 무집착과 과도한 활동을 자제하는 성향을 조성해 줄 것이다.

자이나교의 까르마에 대한 이론적 전용轉用

초기 자이나교에서 지적인 측면에서의 상세한 해설은 찾아보기 힘들다. 붓다와 동시대 인물인 마하비라(Mahāvīra)의 교설을 담고 있는 것으로 추정되는 경전도 자이나 전통 내부에서 훨씬 더 후대의 주요 문헌에 대한 집성인 것이 분명하다. 이 경전을 채택한 슈베땀바라(Śvetāmbara)라는 자이나교 종파에 따르면 이 경전은 기원후 5세기까지 집성되지 않았다. 현존하는 다른 자이나교 종파인 디감바라 (Digambara)는 이 경전이 마하비라의 교설을 담고 있다고 인정하지 않는다. 이는 초기 자이나교가 까르마를 어떻게 이해했는지에 관해 그 어떤 것도 단언할 수 없음을 의미한다. 그러나 자이나교가 곧 까르마를 '물질적'인 것으로 생각했다는 것은 분명하다. 까르마는 젖은 천에 먼지가 달라붙듯이 영혼(jīva)이라고 부르는 것에 달라붙은 물질적 실체라고 생각되었다. 행위와 특정 정신적 취약점(거짓 믿음, 훈련 부족, 부주의, 열정, 정신적·신체적·언어적 활동)이 까르마 입자들을 영혼에 달라붙게 한다. 영혼이 한 존재에서 다른 존재로 옮겨갈 때 까르마 입자들은 그 영혼에 동반된다. 활동과 정신적 취약점의 억제는 영혼의 '점착성'을 제거하여 까르마가 더 이상 영혼과 접촉할 수 없게 한다. 이것이 바로 정화의 길인 것이다.

　적어도 고전 자이나교는 해탈의 요인으로 자아에 대한 지식을 거의 또는 전혀 강조하지 않았다는 점에 유의해야 한다. 자이나교도들은 이 상황을 윤회와 해탈의 원인이 되는 다수의 근본적 실체들―그중에서 영혼과 까르마―의 상호 작용이라는 관점에서 이해했다. 세계 그리고 특히 해탈의 메커니즘에 대한 이런 상이한 이해는 자이나교에서 고행이 강조되는 것과 분리되지 않는다. 부분적이어도 인지적 혹은 지적인 길을 통해 해탈을 얻고자 한다면 자아의 비활동적 본성에 대한 지식은 그것을 믿는 사람들에게는 필수적인 조건이 된다. 자이나교가 해탈에 이르는 이런 고상한 방식에 대해 항상 무감각했던 것은 아니지만 그들의 역사 대부분에서 선택되었던 것은 순전히 고행의 길이었다. 그리고 여기에 관련된 요소들을 '물질적'인 것으로 본 것은 흡족스러운 것으로 증명되었다. 사실 까르마를 물질적 요소라는 관점에서 이해하는 관례로 인해 자이나교에는 까르마에 관한 문헌들이 풍부하게 되었는데, 까르마의 유형이나 그 하위 유형들이 구분되어 세밀하게 분석되었다.

이 분석의 핵심은 까르마를 여덟 범주로 분류하는 것이다. 이는 다양한 여러 결점의 원인이 되기도 하지만 사람의 수명을 결정하는 등 다른 작업을 수행하기도 한다. 먼지와 같은 성질의 까르마가 개개의 영혼의 본성인 전지全知함을 덮어씌우는 스크린과 같은 역할을 한다는 점은 특히 분명하다. 까르마는 이런 방식으로 실재를 가리고 개별 영혼을 혼란스럽게 한다. 모든 까르마가 제거될 때 비로소 영혼의 전지함이 회복되어 해탈의 상태로 나아가게 된다.

주목할 점은 세계와 특히 영혼을 이해하는 자이나교도들의 특이한 방식으로 인해 영혼과 그것이 속한 신체가 똑같은 외연을 가지는 것으로 여겨졌다는 것이다. 이는 영혼이 항상 똑같은 크기를 가진다는 것을 뜻하지는 않는다. 그 크기는 영혼이 환생한 몸의 크기에 따라 달라진다. 방안에 있는 등불의 불빛이 방의 크기에 따라 확장되거나 축소되는 것에 비유하기도 한다. 그와 같이 영혼은 환생한 몸에 따라 확장되거나 축소되기 때문에 작은 곤충의 영혼과 코끼리의 영혼은 같은 크기를 가진다.

영혼의 정확한 크기가 어떻든 간에 영혼은 그것이 속한 몸과 함께 움직인다는 것은 분명하다. 달리 말하면 어떠한 행위든 그것은 영혼에 기인한다고 할 수 있다. 만약 자이나교도들이 해탈에 필수적인 것이 바로 영혼의 비활동적 본성에 대한 지식이라고 믿는다면 큰 난관에

봉착하게 될 것이다. 하지만 대부분의 자이나교도들에게 그러한 지식은 해탈을 위한 전제조건이 되지 못한다. 바로 이점이 그들이 까르마의 본성을 완전히 다르게 이해하게 되는 중요한 이유가 된 것은 분명하다. 자이나교에 있어 까르마는 본질적으로 물질이기 때문에 까르마의 일차적 의미인 '활동'이나 '움직임'과는 동떨어진 뜻을 갖게 된다. 초창기 자이나교에서 생각했던 영혼은 자아의 진정한 비활동적 본성에 대한 지식이 필수라고 여겼던 사람들이 생각한 영혼과 크게 다르지 않을 수 있다 그리고 이 개념은 보다 최근의 자이나교 사상가들 중에서 유명한 꾼다꾼다(Kundakunda)의 관심을 끌었을 수도 있다. 하지만 전체적으로 볼 때 자이나교에서 이러한 개념은 상대적으로 미미한 것이었다.

영혼의 재생이 가능한 생류에 관해 몇 마디 보태야 할 것 같다. 이는 사상가들이 늘 의견의 일치를 보지 못했던 부분이다. 식물과 동물 가운데 불교는 오직 후자의 윤회에 대해서만 고려하는 경향이 있다(이 점에 있어서도 항상 일관되지 않다). 브라만교 전통은 천편일률적이지는 않지만 환생하는 존재의 목록에 식물이 자주 포함되어 있다. 자이나교도들의 목록은 가장 포괄적이다. 거기에는 요소들까지 포함되어 있어서 식물, 고등동물, 신, 지옥 거주자 등등 외에도 땅, 공기, 물, 불 등이 포함된다. 요소에 합체된 영혼이 이후의 생에서 위 단계로 상승할 가능성은 아주 희박한 것으로 보아야 한다. 사실 자이나교에서는 특정 피조물(즉 그에 머무는 영혼)이 해탈에 이르는 것은 영원히 배제되어 있다.

이론적 난점과 그 해법

앞 장에서는 대충 언급만 했고 이번 장에서 본격적으로 다루고 있는 문제는 다음의 질문들로 보다 명쾌해 질 수 있다, "업을 기록하는 회계장부가 있다면 어떻게 기재될까?", "비인격적 힘은 어떻게 작용하기에 지은 업에 따라 업보를 받게 되는가?", "어떤 작동원리로 인해 다음 생에 악행은 벌을 받고 선행은 복을 받는 것인가?" 업보를 신의 응징이라는 측면으로 이해한다면 별 문제가 없을 것이다. 그러나 업보사상은 주로 최고신을 인정하지 않는 사람들에 의해 받아들여졌다. 달리 말하자면 키를 잡고 조정하는 자가 없었다는 것이다. 오히려 많은 경우 신들 또한 이 업보의 작동원리에 예속된 것으로 여겨져 그 앞에서 무력할 수밖에 없었다.

이 문제는 당장 드러나는 것보다도 훨씬 더 복잡하다. 업보는 당신이나 나를 위해서만 작용하는 것이 아니라 모든 이를 위해 동시에 작동한다. 결국 수많은 까르마 연줄이 동시에 존재해 관련된 행위자들에게 적합한 결과를 만들어내야 한다는 것이다. 자동차 두 대가 충돌하여 운전자 둘이 죽었다고 가정해 보자. 이 결과가 있으려면 두 개의 까르마 연줄이 작동한다고 추정할 수 있다. 두 연줄 가운데 하나가 운전자를 어떤 물체와 충돌하게 만들어서 목적하는 바를 두 쪽 모두에서 이뤄야 할 텐데 바로 그 순간 다른 운전자도 똑 같은 운명을 맞을 준비가 되었다는 것을 어떻게 '알까'? 달리 말하면 업보는 간단한 과정이 아니라 수많은 연줄의 네트워크인데, 어떻게든 그에 맞는 결과를 얻는 데 성공한다. 어떻게 그럴 수 있는가?

이 모든 난점들을 감안할 때 업보윤회사상이 과연 합리적인가라는 의문은 충분히 생길 수 있다. 그러나 (앞에서 언급했던 짜르바까를 제외한) 그 어떤 인도철학자도 이를 선뜻 포기하려 들지 않았다. 그들은 생류를 특징짓는 다양성 자체가 이 믿음을 확신하게 만든다고 생각했다. 그렇지 않으면 달리 설명할 방법이 없다. 위에서 보았던 아드바이따(불이일원론) 사상가 샹까라는 『브라흐마 수뜨라(Brahma -sūtra)』(2.1.35)에 대한 그의 주석에서 이에 대해 분명히 말한다. 그 어떤 구분도 없는 최초의 상태에서 절대신이 세계를 창조했다는 가정 하에 어떻게 이러한 다양성이 있을 수 있는가를 생각해 볼 때, 절대신은 그런 상태에서 세계를 창조하지 않았을 것이라고 지적한다. 윤회는 시작이 없어야 한다. 매번 다음 창조에 있을 다양성을 설명해 줄 이전의 까르마가 항상 있어야 하기 때문이다.

철학자를 포함해 많은 사람들이 업보윤회사상을 선호할 수밖에 없는 또 다른 요소가 있다. 이 믿음이 세상에 윤리적 틀을 제공한다는 것이다. 이는 가끔 드러나는 뜻밖의 모습과는 상관없이 선한 행위는 좋은 결과를 낳고 나쁜 행위는 처벌 받는다는 것을 함축한다. 『마하바라타』(13.6.19)는 "만약 어떤 사람의 행위가 아무런 과보를 낳지 않는다면, 모든 것이 아무런 의미가 없다는 것이다"라고 말하는데, 분명 공감하는 사람들이 많을 것이다.

그래서 업보윤회사상은 인도철학자들에게는 명료함을, 그리고 그들뿐만 아니라 많은 사람들에게는 정의감을 제공했다. 그들 모두 이 관념을 받아들였으며, 어느 누구도 그것을 버리려 하지 않았다.

인도의 많은 철학 학파들은 기원후 초엽부터 우리가 살고 있는 세상과 그 안에서의 우리의 위치에 대해 이해할 수 있는 그림을 제시하려고 노력했다. 사상가들은 까르마가 어떻게 '작동'하는가라는 질문에 직면해야 했으며, 이 문제를 해결하기 위해 분투했다. 그러나 문제는 쉽지 않았고, 이를 해결하기 위한 시도는 다양한 형태로 나타났다. 더군다나 그들은 해결책을 고안해 내기도 전에 어떠한 류의 해결책이 수용 가능한가에 대해 숙고해야 했다.

이 마지막 쟁점에 관해서는 설명이 좀 필요하다. 까르마의 작동에 관해 몰두한 인도사상가들은 목적론이라는 문제에 직면했다. 그들은 목적이라는 의미에서 과연 설명이 받아들여질 수 있는지 그리고 어느 정도까지 가능한지 정해야 했다. 인간과 동물의 행동은 목적이라는 측면에서 자주 설명된다. 예를 들어 "고양이가 쥐를 잡기 **위해** 엎드려 기다리고 있다"에서 이의를 제기하는 사람은 별로 없을 것이다. 하지만 이런 설명을 무정물에 적용하면 문제가 생긴다. "태양은 세상을 밝히기 **위해** 빛을 발한다"라고 말할 수 있을까? 이 문제를 진지하게 받아들이는 자들은 어떤 의식 있는 존재가 이런 목적으로 태양을 창조했다고 할지도 모른다. 이 경우 목적은 그 창조자가 창조한 무정물인 태양에 속하는 것이 아니라 창조자에게 속하게 된다. 달리 말하자면, 목적을 무정물이나 작동원리에 부여하는 것은 명확성이 떨어지게 되며, 원칙적으로 거부될 수 있다.

현대의 과학적 사고는 사실 원칙적으로 목적인(目的因, 아리스토텔레스의 4원인 중 하나) 혹은 목적이라는 측면에서 설명하는 것을 반대한다. 찰스 다윈의 명성은 그가 진화론을 발견했다는 사실 때문이 아니라(그는 발견하지 않았다) 그가 목적인 없이도 진화를 설명할 수 있는 방법을

발견했다는 사실에 근거한다. 그는 생물학적 진화에서 목적성을 제거
했다. 특정 심리학자들 또한 인간 행동이 결국은 목적론적이지 않다는
쪽으로 설명한다.

　인도철학자들은 목적인에 대해 어떻게 생각했는가? 그들은 이 문제
에 대해 각기 다른 견해를 가지고 있었다. 우선 상키야 학파의 경우
적어도 고전 문헌인 『상키야 까리까(Sāṃkhya-kārikā)』(수론송數論頌)
에서는 목적인을 쓰는 것을 주저하지 않는다. 이 학파는 자아(한 생류에
자아 하나)와 근본원질을 구분했다는 것을 기억해야 한다. 그중 후자는
복합물을 생성하는데, 17번 게송에 따르면 이것이 자아의 존재에
대한 증거라고 한다. "자아는 존재한다. 왜냐하면 복합대상은 **다른
무엇을 위해** 있기 때문이고, … 그의 독존을 **위해** 행위가 있기 때문이
다." 상기하자면 독존이란 자아의 독존이며, 자아의 해탈인 것이다.
근본원질과 그 파생물은 이러한 독존을 달성하기 위해 활동한다.
즉 그것들은 목적을 추구하며, 무의식임에도 불구하고 그것들은 목적
론적이다.

　21번 게송도 다음과 같은 멋진 비유로 목적론적인 일면을 보여준다.
"장님과 절름발이의 만남에 비유할 수 있는 자아와 〔근본〕원질의 만남
은, 자아의 경우엔 보기 **위한 것**이고, 원질의 경우엔 독존을 **위한
것**이다." 이 비유는 장님이 절름발이를 업고 가는 모습을 연상시킨다.
이 조합으로부터 양자 모두 이익을 얻게 된다. 하지만 이 조합의
목적지향성마저 자아와 원질에 속하는 것으로 간주됨으로써 (상키야
추종자가 아닌) 다른 이들에게는 납득이 되지 않았을 것이다.

　목적론에 의지하지 않고 업보를 설명할 수 있을까? 대부분의 고전

인도사상가들은 이 질문에 직면했지만 오직 소수(특히 상키야 추종자들)
만 이 문제에서 목적인을 받아들이고자 했다.

　업보의 문제에 대한 간결하면서도 다소 기이한 해결책은 설일체유부
(Sarvāstivāda) 사상가들에 의해 제공되었다. 이 학파의 이름이 과거와
미래의 모든 것들이 존재한다는 교리에 연원을 두었다는 것을 상기하
라. 이러한 입장의 필연적 결과는 과거 행위는 그 과보를 실어 나르는
순간에 존재한다는 것이다. 그러므로 목적론적 행동이 요구되지 않는
다. 오래전에 행한 일에 맞는 적합한 과보로 이끌기 위해 행위가
미래의 사건을 조정할 필요가 없다. 왜냐하면 과보를 받는 순간에
그 행위가 있기 때문이다.

　비슷한 해결책이 상키야 학파의 다른 대표적 학자들에 의해 제시되
었는데, 아마도 그들 모두 이 학파의 일부 학자들이 의도했던 목적론적
설명에 만족해하지 않았던 것으로 보인다. 이들은 다른 종류의 문제들
에 대응하기 위해 학파가 받아들인 이론, 즉 원인에 결과가 존재한다는
사뜨까리야바다(satkārya-vāda, 인중유과론因中有果論)를 적용했다. (아
래의 "인도철학이 공유하는 문제들"이라는 제목의 글상자를 보라.) 이 이론을
행위와 그 결과에 적용하게 되면 어떤 의미에서는 결과가 그의 원인이
되는 행위에 존재한다는 것을 뜻하게 된다. 이것이 그 해결책이라면
확실히 목적론의 문제점은 피해 가겠지만 수많은 다른 질문에는 답이
되지 못할 것이다.

인도철학이 공유하는 문제들

인도철학사를 보면 여러 학파들이 상호 독립적이었으며, 상호 개입이 거의 없거나 아예 없이 각자의 사상을 전개한 것처럼 기술되어 있다. 역사적으로 이는 맞지 않다. 서로 다른 학파에 속한 철학자들은 자기가 속한 학파의 견해보다 다른 학파에서 유통되는 사상을 더 잘 알고 있었다. 왜냐하면 그들은 때로는 다른 학파에 대론해 자신들의 견해를 방어해야만 했기 때문이다. 이러한 논쟁의 장에는 왕이나 그의 대리가 참석하는 공개적인 경우도 있었는데, 논쟁에 패한 사람은 통치자의 존경이나 지원은 물론 목숨까지도 잃을 수 있었다.

여기에 더해 대부분의 철학 학파들은 이상과 신념을 공유했다. 궁극적 목표는 해탈로서 모든 학파들(6세기까지의 미망사 학파와 10세기 말엽에 소멸한 짜르바까를 제외함)은 이 목표를 채택했으며, 그와 동반하는 신념은 업보윤회 사상이었다. 업보 개념은 인도철학자들에게는 일종의 도전이 되었으며, 속해 있는 학파나 종교와 상관없이 그 어느 누구도 이를 무시할 수 없었다. 그러므로 이들 사상가들이 비록 다른 모든 면에서는 서로 격렬히 반대하고 완전히 다른 방식으로 문제를 다루었다 할지라도 인도철학사를 논함에 있어 그들이 공유한 문제들에 대해 파악하는 것은 필수이다. 인도의 철학 학파들 대부분이 공유한 문제들 중에 특히 중요한 한 가지는 바로 언어와 사물 사이의 연관성이다. 모든 브라만계 학파들은 그러한 연관성을 당연한 것으로 여겼다. 이는 이 학파들이 고대 언어인 산스끄리뜨어에 의지했다는 점에서 그리 놀랄 일은 아닌데, 그들은 산스끄리뜨어야 말로 진정한 언어이며 언제나 존재했던 유일한 언어이며, 다른 모든 언어는 이 영원한 언어의 변형에 불과하다고 보았다. 그들의 관점에서 산스끄리뜨어와 실재하는 것 사이에는 시간을 초월한 조화가 있으며, 언어와 사물 사이의 연관성은 당연한 것이었다. 불교도들은 브라만들과는 달리 산스끄리뜨어를 다른 여러 언어들 중의 하나로 생각했다. 더 나아가 그들은 우리가 경험하는 세계가 더 심오한 실재를 감추고 있다는 사상을 창출했다. 따라서 일상에서 경험하는 집, 항아리, 전차뿐만 아니라 사람까지도 그 궁극적 실재성이 인정되지 않았다. 사실 우리는 세계가 집, 항아리, 전차, 사람 등으로 이루어져 있다는 그릇된 견해 속에서 일상생활을 영위한다고 설명하면서, 그들은 언어의 역할을 강조했다. 그들을 지칭하는 단어들이 있기 때문에 우리는 그 존재를 믿는다는 것이다. 브라만들과 불교도들은 (논쟁에 참여한 자이나교들도 마찬가지이지만) 상호 간의 차이에도 불구하고 특정 명제의 타당성과 관련해서는 동일한 어려움을 겪었다. "그 남자는 책을 읽는다"와 같은 일반적 명제는 단어로 지시된 아이템들로 구성된 어떤 상황을 지칭하는 것으로 생각할 수 있다. 사실 "그 남자는 책을 읽는다"라는 명제는 남자, 책 그리고 읽는 행위가 있는 상황을 지칭한다. 그러나 다른 명제들 가운데는 이런 방식으로 이해되지 않는 것도 있다. 단어로 지시되는 것으로만 되어져 있지 않은 상황을 지칭할 수도 있기 때문이다. "옹기장이는 옹기를 만든다." 가 지칭하는 상황에 옹기장이와 만드는 행위는 들어가 있지만 옹기는 없다. 사실 옹기가 있다면 이를 만들 필요도 없을 것이다. 사상가들은 이와 같은 명제가 유발하는 문제점에 상이한 해결책들을 내놓았다. 불교도들은 이런 모순들이 우리가 경험하는 세계가 자기 모순적이며 절대적인 의미에서는 실재가 아님을 보여주는 것이라고 기꺼이 결론 내렸다. 이것이 그때까지 그들이 증거 없이 취한 입장이지만("아비다르마불교와 인도철학의 발단"이라는 제목의 글상자를 보라) 이제 확실한 증거가 있다고 믿게 되었다. 그리고 이 상황은 많은 브라만 사상가들을 무척 난감하게 만들었을 것이다. 그들은 우리가 경험하는 세계의 실상을 포기할 준비가 되어 있지 않았다. 어떤 이들—특히 상키야 추종자들—은 "옹기장이는 옹기를 만든다."가 지칭하는 상황에 옹기가 있는 것으로 결론을 내리는 것이 불가피하다고 보았다. 그렇다면 이 옹기는 옹기장이가 옹기를 만들 때 반드시 있게 되는 진흙에 있어야 한다. 이것이 바로 원인에 결과가 있다라는 이론(인중유과론因中有果論)이며, 산스끄리뜨어로는 사뜨까리야바다(satkārya-vāda)이다. 다른 이들도 비슷하게 과감한 해결책을 내놓았지만 여기에서는 이를 다 다룰 수가 없다. 그러나 여러 인도철학 학파들이 그들의 철학을 형성해 가는 데 이러한 공유문제들이 결정적인 영향을 끼쳤다는 것을 부인할 수는 없을 것이다.

업보에 대한 다른 해결책도 있을 수 있다. (설일체유부를 제외한) 불교도들의 입장을 고려해 보라. 아비다르마불교 사상가들은 우리가 하는 행위에서 업보를 유발하는 것은 정신적인 측면이라는 입장을 견지한다. 즉 업보의 원인이 되는 것은 우리 행위의 신체적인 측면이라 기보다는 행위가 행해졌을 때의 정신 상태라는 것이다. 우리는 초기 불교에서 욕망이 그 핵심 역할을 한다는 것을 보았다. 그렇기에 해탈로 가는 길은 욕망의 소멸을 거쳐야 한다. 불교도들이 까르마를 유발하는 것으로 보는 행위의 또 다른 측면은 의도이다. 의도가 본질적으로 정신적이라는 것에 대해서는 욕망과 마찬가지로 설명이 필요하지 않다.

행위는 마음에, 더 정확히는 불교도들이 정신적 연속체를 구성한다고 믿는 일련의 심작용에 흔적을 남긴다. 따라서 정신적인 행위가 정신적인 흔적을 남긴다는 결론이 나오게 된다. 그 다음 질문은 행위의 과보도 정신적인 것인가이다.

아비다르마불교 철학의 입장은 "그렇지 않다"이거나 "전적으로 그렇지는 않다"이다. 행위는 정신적이고 행위가 남긴 흔적도 정신적이지만 그 과보는 정신적인 것만은 아니다. 실제로 아비다르마 사상가들은 우주의 모든 광대함이 생류들의 행위의 결과라고 확신한다.

이 입장과 관련된 난제에 관해서는 거의 설명할 필요가 없다. 생류를 구성하는 일련의 심작용이 외계의 물질세계에 일어나는 것들을 결정한다는 것을 우리는 어떻게 이해해야 할까? 불교 철학자들은 이 문제에 대해 알고 있었으며, 이는 가장 뛰어난 사상가 중 한명인 바수반두의 경우에서 가장 잘 드러난다. 바수반두는 이미 여러 차례 살펴보았던

『아비다르마꼬샤 브하샤』를 저술했다. 역사적 사실을 포함하고 있을
지도 모르는 전설에 의하면 바수반두는 그의 인생 후반에 어떤 문제점
들과 관련해 생각을 바꾼다. 이러한 심적 변화는 그 시기에 주석과
함께 작성된 것으로 추정되는 스무 개의 게송으로 된 짧은 논서인
『빔샤띠까(Viṃśatikā)』(유식이십론唯識二十論)에 잘 드러나 있다. 게송
7번에 대한 주석에서 바수반두는 다음과 같은 의문을 제기한다. "행위
의 인상印象(훈습薰習)은 그 어느 곳도 아닌 [의]식의 상속으로 들어간
다. 그대는 왜 인상이 있는 바로 그 곳에 과보가 있게 되며, 그와
같은 것이 [의]식의 변화(식전변識轉變)라고 받아들이지 않는가? 인상
이 없는 곳에 그 과보가 생긴다고 생각하는 이유가 무엇인가?" 이
질문은 정곡을 찌르고 있다. 그리고 문제점들을 가장 명료한 말로
표현한다. 어떻게 그리고 왜 우리는 일련의 심적 사건들이 외계를
형성한다고 생각해야 하는가? 왜 우리는 업보를 초래하는 행위나
흔적처럼 업보가 정신적인 일이라고 단순하게 받아들이지 않는가?

  그런데 문제가 있다. 물질적인 우주를 포함해 우주에 끼치는 까르마
의 영향은 어떻게 되는가? 바수반두와 특정 불교 사상가들이 취하는
입장은 다음과 같다. 그렇다, 생류의 행위는 우주의 미세한 모든 것에
이르기까지 책임이 있지만 행위와 마찬가지로 소위 말하는 물질적
우주도 정신적인 것이다. 이들 불교도들은 이와 같은 방식으로 관념론
이라고 불릴만한 입장을 취했다. 일부 불교 문헌에 언급되었듯이
"삼계(욕계, 색계, 무색계)에 속하는 모든 것은 마음에 지나지 않는다."

  우주 전체가 본질적으로 정신적이라고 주장함으로써 이 불교도들은
까르마 과정 전체를 소위 말하는 심리적 과정으로 축소시키는 데

성공했다. 심리적 행위는 심리적 흔적을 남기고 그것은 다시 심리적 결과를 가져온다. 심리적 결과를 가져오는 것은 꿈을 꾸는 것과 다르지 않다. 그리고 그 상세한 과정들이 복잡할지라도 심리적 흔적이 물리적 우주의 형태나 전개를 결정한다고 믿는 것보다 업보를 설명하기에는 훨씬 덜 어려웠을 것이다. 이들 불교도들만 이러한 해결책을 선택한 것은 아니다. 이후 브라만계의 몇몇 저자들도 똑같이 그랬으며, 주저하지 않고 세상을 꿈에 비유했다.

업보의 메커니즘을 설명해야 하는 사람들에게 업보에 대한 심리적 설명은 매력적일 수밖에 없다. 이 우주가 독립적이고 물질적인 실체라는 것을 부정하는 이들에게는 이것이 가장 쉬운 방법이었겠지만 그들에게만 한정되지는 않았다. 다른 이들도 이런 방법을 시도했다.

가장 두드러진 예는 샤바라(Śabara)에게서 볼 수 있다. 베다 해석학(미망사) 분야에서 현존하는 가장 오래된 주석서의 저자인 그는 기원후 오백년 무렵에 생존했는데, 놀랍게도 업보윤회설에는 관심을 보이지 않았다. 그러나 특정 행위, 곧 제사 행위의 결과에 대해서는 관심이 있었다. 바르게 행해진 제사는 천상으로 이끈다고 베다 명령(vidhi)에 자주 언급된다. 이 구도에 윤회와 '일반' 업보는 없지만 행해진 제사와 그 결과인 천상을 연결하는 어떤 인과의 고리는 분명히 있어야 했다. 이 인과의 고리는 샤바라의 생각을 지배했으며, 그는 이에 대해 상당히 많이 언급했다.

흥미로운 점은 샤바라가 이 과정을 시작에서 끝까지 심리학적으로 풀이했다는 것이다. 그는 제사에서 진정 효능 있는 부분은 제사에 동반되는 심리적인 태도라고 주장한다. 또 제사를 통해 남는 흔적은 본질적으로 심리적이라고 한다. 무엇보다도 그는 천상이 누군가 죽어서 가는 장소가 아니라 행복이라고 말한다. 샤바라는 여기서 멈추지 않고, 제사의 수혜자가 되어야 할 신들에 대해서도 말하는데, 그들은 단지 이름에 불과하다고 한다. 즉 제사에서 보상으로 이어지는 과정에 있는 모든 요소 하나하나가 다 심리적이라는 것이다.

샤바라의 해석이 놀랍기는 하지만 엄밀히 말해 업보윤회의 문제와는 잘 연결이 되지 않는다. 샤바라는 윤회를 믿지 않는 것처럼 보이며, 제사 행위 말고 다른 행위의 결과에 대해서는 관심이 없다. 더욱이 그는 우리가 살고 있는 우주가 제사의 효능 때문이라고 믿거나 주장하지 않는다. 따라서 위에서 살펴본 몇몇 사상가들과는 달리 우주를 심리적인 것으로 축소해야 할 필요를 느끼지 않았다. 달리 표현하자면 그는 철학적 입장으로 유심론을 채택해야할 압박이 없었던 것이다.

그러나 사상가들 중에는 업보윤회를 믿지만 유심론에 끌리지 않으면서 그 전개에 대한 심리학적 설명에는 매력을 느끼는 이들도 있었다. 그들은 성공적일 수 있었을까?

이와 관련해 바이셰시까의 체계에서 덕(dharma)과 악덕(adharma)이 업보에 대해 책임이 있다고 한 것을 상기해 보자. 이 사상가들은 그것이 어떻게 가능한가를 설명해야 했다. 덕과 악덕은 그 자체로 지성이 부재하다는 것을 망각해서는 안 된다. 그것들은 분명 자아의 속성이며, 자아는 자기의 지성을 의식이라는 다른 속성으로부터 끌어온다. 이 의식은 덕과 악덕이 업보를 찾아갈 수 있도록 인도하지 않는다. 실제로 누군가에게 업보가 불쾌한 것일 경우 그런 결과를 피하기 위해 그의 지성이 뭔가를 할 것이라고 예상한다. 그렇다면 무엇이 덕과 악덕으로 하여금 내생에 적합한 결과를 가져오게끔 허용하는 것인가?

여기에 등장하는 것이 심리학적 해설이다. 만약 덕이 즐거운 경험을 가져오는 것 외에는 아무것도 하지 않으며 악덕은 불쾌한 경험만 가져온다면 그 질문에 답하기는 상대적으로 쉬울 것이다. 어쨌든 긍정적이고 부정적인 경험이 그렇듯이 덕과 악덕은 자아의 속성이다. 만약 덕과 악덕이라는 속성이 동일한 자아에서 즐거움과 괴로움이라는 속성을 만들어내는 것에 불과하다면 이는 단일한 자아 내부의 진행 과정일 것이다. 이런 방식으로 업보를 생각하려는 경향이 강하다는 것은 바이셰쉬까와 깊은 관련이 있는 문헌(『니야야 수뜨라(Nyāya-sūtra)』(4.1.51)와 그 주석서)의 다음과 같은 문장에서 확인할 수 있다.

〔반론〕 나무에 열매가 열리는 것과 비교하는 것은 기체(基體, āśraya)가 다르기 때문에 행위와 그 결과 사이의 연결고리를 설명해 주지 못한다.

나무를 키우는 일-물주기 등등-과 열매는 모두 나무를 기체로 하고 있다. 이와 대조적으로 행위는 이 세상에서 〔우리〕 몸에서 이루어지지만 그 결과는 다음 세상에 속한다. 따라서 나무에 열매가 열리는 것과 비교하는 것은 행위와 그 결과 사이의 연결고리를 설명해 주지 못한다. 왜냐하면 그 기체가 다르기 때문이다.

〔응답〕 이 반론은 유효하지 않다. 왜냐하면 즐거움은 자아를 기체로 하기 때문이다.

즐거움은 자아가 경험하는 것이므로 자아가 그 기체이다. 덕은 자아의 속성이기 때문에 동일한 자아를 그 기체로 한다. 그러므로 행위와 그 결과가 다른 기체를 가진다고 말하는 것은 옳지 않다.

〔반론〕 이는 옳지 않다. 왜냐하면 아들, 소, 여자, 재산, 금, 음식 등은 베다에서 까르마의 결과라고 명시되어 있기 때문이다. 베다의 명령(vidhi)에는 "마을을 갖기 원하는 자는 제사를 지내야 한다", 혹은 "아들을 원하는 자는 제사를 지내야 한다"와 같이 즐거움이 아닌 아들 등등이 까르마의 결과라고 명시되어 있다. 따라서 위에서 언급한 즐거움이 까르마의 결과라는 것은 옳지 않다.

〔응답〕 결과는 그것들(아들 등등)과의 연결에 의해 생기는 것이므로 그것들을 은유적으로 결과라고 부른다.

결과인 즐거움은 아들 등등과의 연결에 의해 생긴다. 이런 이유로 아들 등등은 은유적으로 까르마의 결과라고 부른다. 그것은 마치 "호흡은 진정 음식이다"라는 문구에서 **호흡**이라는 말이 은유적으로 음식에 적용된 것과 같다.

안타깝게도 이 설명은 그리 만족스럽지가 않다. 앞에서 언급한 가상의 자동차 사고를 떠올려 보라. 여기에는 적어도 두 운전자의 개별적 업보가 관련되어 있다. 그들의 까르마 연줄은 서로 엉켜 있지만 이것은 문제의 시작에 불과하다. 만약 그 사고가 미끄러운 도로 때문이라면 어떤 까르마 연줄이 도로를 미끄럽게 만든 것인가? 또 그것이 만약 주의가 산만한 승객이 야기한 것이라면 누구의 까르마가 그 승객으로 하여금 운전자의 정신을 빼도록 행동하게 한 것인가? 이와 같이 더 많은 질문들이 던져질 수 있다. 이로써 우리는 (논쟁을 위해, 일어나는 모든 또는 거의 모든 일에 까르마가 책임이 있다고 가정한다면) 누군가가 재배한 나무에 열린 열매의 이미지로는 세상에서 벌어지는 업보를 제대로 설명할 수 없다는 것을 이해하게 된다.

바이셰쉬까 사상가들은 이 모든 것을 알고 있었다. 그들은 이 문제를 기계적으로 풀 수 없다는 것도 파악하고 있었다. 즉 업보에 대해서는 간단한 기계적 설명이 가능하지 않다는 것을 숙지하고 있었다. 결국 그들은 애초의 철학적 열망을 어느 정도 양보하면서 심리적인 해설도 포기하게 되었다. 그리고는 생류의 과거 행위에 따라 사물을 조정하는 창조신의 존재를 상정했다.

기원후 6세기에 살았던 쁘라샤스따빠다(Praśastapāda)는 바이셰쉬까에 창조신이라는 개념을 최초로 소개한 인물일지도 모른다. 그는 창조의 과정을 묘사하면서 다음과 같이 언급한다.

네 가지 복합 요소가 존재하게 되었을 때 온전히 신(Maheśvara)의 의지에 의해 땅의 원소와 혼합한 불의 원소로부터(즉 금으로부터) '거대한 알'이 형성되었다. 그 안에 신은 수많은 연꽃과도 같이 네 얼굴을 가진 모든 세상의 조부인 브라흐마(Brahmā)와 전 세계를 창조한다. 그리고서 그는 생류를 창조하라는 임무를 그에게 준다. 이 브라흐마는 그렇게 신의 명을 받고서 풍부한 지식, 욕망으로부터의 자유 그리고 절대적 힘을 부여받아 **생류의 행위의 결과를 알게 된다.** 그는 다양한 신들과 서로 다른 생류들을 창조한다. 그런 다음 그들의 **과거 행위의 잔재에 따라** 그들을 덕(dharma),

지식, 욕망의 결여 그리고 힘과 연결시킨다.
　　　－『빠다르타다르마－상그라하(Pādārthadharma-saṃgraha)』(49)

　이 인용문에 의하면 쁘라샤스따빠다가 예상한 신의 역할은 본질적으로 '회계사'에 해당한다. 이 신은 유정들의 선하고 악한 모든 행위를 계산하여 그에 따라 보상하거나 처벌한다. 바이셰시까는 그런 신이 필요했다. 그렇지 않으면 업보의 작용을 설명할 수 없었을 것이다. 실제로 몇 세기 후에 살았던 자얀따 밧따(Jayanta Bhaṭṭa)라는 사상가가 이러한 이해의 필요성을 신의 존재에 대한 증명으로 바꾸어 놓는다.

　세계의 다양성은 생류의 까르마 작용 없이는 존재할 수 없다. 따라서 까르마는 직접 눈으로 보이지 않더라도 일반적으로 결과의 원인으로 추론된다. 그러므로 생명체의 인도를 받지 않는 무의식적 행위자에 기초하여 이러한 결과를 얻는 것은 불가능하다. 이러한 결과를 가져오는 의식 있는 대행자가 동일하게 가정되어야 한다.
　　　－『니야야－만자리(Nyāya-mañjarī)』(180)

　철학적 관점에서 '회계사' 신의 도입은 그리 만족스럽지가 못했다. 그러나 바이셰쉬까 추종자들은 그런 신 없이는 업보를 제대로 이해할 수 없다는 결론에 이르게 되었다. 물론 회의론자들은 신의 도입으로도 문제가 해결되지 않았다고 할 것이다. 즉 문제를 해결하는 대신 그것〔업보〕에 '신'이라는 이름을 부여했던 것이다. 최고신에 대한 숭배가 인도인의 일상 종교생활에서 중요한 위치를 점하게 된 시기에 이

해결책이 갖는 매력은 사실이냐 상상이냐를 떠나 상당했을 것이다. 사실 바이셰시까 학파의 철학자들이 그 필요성을 느끼기 훨씬 전부터 일부 종교적 성향이 강한 사람들이 신과 업보 사이의 연결고리를 이미 만들었다는 것은 놀랄 일이 아니다.

『슈베따슈바따라 우빠니샤드』에서는 신을 '까르마의 감독자'로 묘사하고 있다. 이 문헌은 기원후 1~2세기에 작성된 것으로 보이는데("베다"라는 제목의 글상자를 보라), 다음과 같은 게송(6.1)을 포함하고 있다. "모든 존재의 배후에 있고, 모든 것에 편재遍在하며, 모든 존재의 내적 자아인 유일한 신은 까르마의 감독자이고, 모든 존재가 머무는 장소이며, 증인이고, 재판관이며, 고립되어 있고, 속성이 없다."(6.11) 비슷한 시기의 문헌인 『마누법전』은 다소 모호한 '강력한 두 존재'를 통해 업보의 과정을 인격화 한다.(12.18-19) "지치지 않는 이 둘은 그 〔개아個我〕의 공과 과를 함께 조사하는데, 그것들과 연결되어 〔그는〕 이생이나 내생에서 행복이나 괴로움을 얻는다." 위에서 언급했듯이, 바이셰쉬까의 신개념에서 우리를 놀라게 하는 것은 이 신이 회계사에 불과하다는 것이다. 생류들의 행위에 관한 그의 개인적 견해는 사람들에게 보상과 징벌을 배분하는 그의 활동에 어떤 영향도 주지 않는다. 유명한 철학자 샹까라는 바이셰쉬까가 아닌 베단따 추종자임에도 불구하고 베단따 학파의 문헌인 『브라흐마 수뜨라』(2.1.34)에 대한 주석에서 이 문제를 다룬다. 그는 다음과 같이 말한다. "창조는 피조물의 덕과 악덕이 감안되어 균등하지 못하다. 〔하지만〕 이 때문에 신이 비난받아서는 안 된다." 사실 스스로 명하거나 고안하지 않은 법칙을 적용하는 것 외에 신이 하는 일이 별로 없다면, 그를 비난할

하등의 이유가 없을 것이다. 『바가바드기따』(7.22)에 대한 샹까라의 주석에 따르면 신의 전지全知함은 그가 까르마와 그 과보의 분류에 대해 안다는 것으로 설명된다고 한다. 그리고 같은 책 8.9에 대한 주석에서는 신을 '모든 것을 지탱하는 자'로 특징짓는데, 이는 그가 "업보 전체의 창조자 혹은 총괄자이고, 다양한 모든 생류에게 그것을 분배하는 자"이기 때문이다. 이를 비롯한 여타 인용문들은 많은 사상가들이 신도 결국엔 업보와 같은 외부 법칙에 의해 그 힘이 제한된다는 생각에 공감했다는 것을 보여준다. 그러나 모두가 그랬던 것은 아님을 이후의 장에서 보게 될 것이다.

주지하듯이, 바이셰시까 추종자들은 이전 세계주기 동안 생류가 수행한 행위에 따른 세계의 순환 창조에 대한 설명으로 신을 인정한다. 그들은 이런 식으로 상키야 철학을 그토록 괴롭혔던 문제를 피해갔다. 그들은 단지 한 세계주기 내에서의 업보를 설명하기 위해 신을 불러들였을까? 위에서 언급한 교통사고와 같은 사건을 주관하는 자는 신인가? 바이셰시까와 관련 학파의 많은 철학자들은 이점에 대해 혼쾌히 동의했다. 그러나 항상 이를 강조하는 것은 아니며, 적어도 그들 중 일부는 패배를 인정하는 것처럼 보일 수 있는 그런 설명에 마음이 편하지 않았을 것이다.

II

...

까르마의 다른 형태

제5장 공덕의 회향

업보·윤회는 개인적인 사건이다. 중생들은 타인이 아닌 스스로 한 일에 대한 과보를 받는다. 따라서 업보윤회에서 벗어나기 위해서는 극히 개별적인 방식이 유효할 듯 한데, 예컨대 고행을 하거나 자아의 진정한 본성을 찾는 수행이 그것이다.

문헌들은 근본적으로 개별적일 수밖에 없는 업보의 본성에 대해 언급한다. 다음은 브라만 계열 문헌인『브라흐마 뿌라나(Brahma Pu-rāṇa)』(217.1-16)의 인용문이다.

현자들이 비야사(Vyāsa)에게 물었다. "누가 사자死者와 동행하는가? 아버지, 어머니, 아들, 스승 혹은 친구들이나 친척들? 나무나 진흙으로 된 집처럼 그의 집이었던 몸을 떠나 다음 세상으로 갈 때 누가 그를 따르는가? 현자 비야사는 대답했다. "그는 홀로 태어났으며 홀로 죽는다. 아버지나 어머니, 형제, 아들, 스승의 동반 없이, 친구들이나 친척들 없이 그는 위험한 문턱을 넘는다. 죽은 몸을 떠날 때 그는 잠시 운다. 그리고는 고개를 돌려 떠난다. 그가 몸을 떠날 때 공덕만 홀로 그를 따른다. 그가 공덕이 있다면 천상으로 가지만 죄가 있으면 지옥으로 간다. 땅, 바람, 허공, 물, 빛, 마음, 지성 그리고 자아, 이것들은 땅 위에서 호흡하는 피조물의 공덕을 끊임없이 지켜보는 목격자다. 공덕은 그들과 함께 영혼을 따라간다. 피부, 뼈, 살, 정액 그리고 피는 몸에 생명이 없을 때 떠나지만 공덕이 있는 영혼은 세상과 세상 너머에서 행복하게 번영한다."

사회 집합적 관점에서 개인 중심적 관점으로의 변화는, 특히 브라만 전통에서, 어려움을 초래할 수밖에 없다는 점을 인정해야 한다. 『바가바드기따』의 메시지는 (브라만교 규범을 따르는) 잘 조율된 사회적 행동이 업보윤회로부터 해탈하게 하는 가장 좋은 방법이라고 적시함으로써 이 두 관점을 합치시키려 했다. 다른 이들은 업보라는 개념을 다른 식으로 뒤틀어서 이 문제에 차별적으로 접근했다. 그들은 누군가가 쌓은 잔여 까르마의 축적이 타인에게 영향을 줄 수도 있다고 주장했다. 즉 복덕(또는 악덕)의 회향에 대해 말하는 것이다.

이전(회향)을 통한 복덕의 획득이나 악덕의 초래라는 개념이 언제 어디에서 유래했는지는 확실하지 않다. 죽은 조상으로부터 복덕을 이어받는다는 개념은 제사로써 조상을 공양하는 슈랏다(śrāddha)라는 베다의 관습에서 온 것일 수도 있다. 명문銘文이나 다른 증거들은 공덕의 회향 사상이 불교와 자이나교를 비롯해 모든 종파에 널리 유포되어 있었다는 것을 보여주는데, 이 개념이 브라만교에 특히 매력적이었다는 것은 분명하다. (불교와 자이나교는 이론으로 이 사상을 받아들인 것은 아니다.) 브라만교 전통의 문헌에서도 이 개념이 여러 차례 언급되는 것을 볼 수 있다. 초기의 예는 『브리하다라냐까 우빠니샤드』(6.4.3)에서 볼 수 있다.

> 그녀의 외음부는 제식장이고, 그녀의 음모는 성스러운 풀이며, 그녀의 대음순은 소마의 압착이고, 그녀의 소음순은 중앙의 타오르는 불이다. 이 지식을 가지고 성관계를 하는 남자는 소마 제사를 지내는 남자처럼 세상을 크게 얻으며, 그와 성교하는 여인의 **선행**을 자기의 것으로 삼는다. 반면 여인은 이 지식 없이 성교하는 남자의 **선행을 자신의 것으로 삼는다.**

『까우쉬따끼 우빠니샤드(Kauṣiṭaki Upaniṣad)』(2.15)는 행위뿐만 아니라 더 일반적인 이전을 보여준다.

> 다음은 이전 제식이라고도 하는 부자父子 의식이다. 아버지는 죽음이 임박하자 그의 아들을 부른다. 집이 싱싱한 풀로 흩뿌려진 후, 불이 지펴지고, 물 단지 한 개가 컵과 함께 놓이며, 아버지는 새 옷을 입고 눕는다. 아들이 와서는 아버지의 다양한 신체 기관들을 자신의 상응하는 신체 기관들로 접촉한다. 대안으로 아버지가 아들과 함께 마주 앉아서 이전을 수행할 수도 있다. 그런 다음 아버지는 아들에게 이전을 한다.

"나는 내 말을 네 안에 두겠다."라고 아버지가 말한다. "저는 아버지의 말씀을 제 안에 둡니다."라고 아들이 답한다.

"나는 내 숨을 네 안에 두겠다."라고 아버지가 말한다. "저는 아버지의 숨을 제 안에 둡니다."라고 아들이 답한다.

"나는 내 시각을 네 안에 두겠다."라고 아버지가 말한다. "저는 아버지의 시각을 제 안에 둡니다."라고 아들이 답한다.

"나는 내 청각을 네 안에 두겠다."라고 아버지가 말한다. "저는 아버지의 청각을 제 안에 둡니다."라고 아들이 답한다.

"나는 나의 미각을 네 안에 두겠다."라고 아버지가 말한다. "저는 아버지의 미각을 제 안에 둡니다."라고 아들이 답한다.

"나는 내 행위를 네 안에 두겠다."라고 아버지가 말한다. "저는 아버지의 행위를 제 안에 둡니다."라고 아들이 답한다.

"나는 내 기쁨과 고통을 네 안에 두겠다."라고 아버지가 말한다. "저는 아버지의 기쁨과 고통을 제 안에 둡니다."라고 아들이 답한다. … 만약 다 말하는 것이 어려우면 아버지는 아주 간략히 말해야 한다. "나는 나의 중요한 생체 기능을 네 안에 두겠다." 그리고 아들은 답해야 한다. "나는 아버지의 중요한 생체 기능을 제 안에 둡니다." …

만약 아버지가 건강을 회복하면 그는 그의 아들의 보호 하에 살거나 유행하는 고행자로 살아야 한다. 만약 그가 죽는다면 그들은 그를 위해 적절한 의식을 치러야 한다.

『마하바라따』에서는 죄의 과보가 다른 가족 구성원들에게 영향을

줄 수 있다고 직접적으로 언급한다. "불법 행위는 소가 즉시 결과를
내는 것처럼 즉각적으로 결과를 내지 않는다. 그러나 과식이 위에
주는 영향과 같이 악은 확실한 과보를 받게 한다. 만약 그것이 그대
자신에게 오는 것을 보지 못한다면 그것은 그대의 아들 또는 손자들에
게 갈 것이다."(1.75.2) 앞서 보았던 문헌인 『마누법전』은 업의 이전에
관해 더 많은 것을 알려준다. 예를 들어, "좋아하는 사람들에게 그의
선업을 이전하고 싫어하는 사람들에게 그의 악업을 이전하면서 그는
명상수행을 통해 영원한 브라흐만(Brahman)을 성취한다."(6.79) 그리
고 다시 "사람이 전장에서 겁에 질려 달아나다 적에 의해 죽게 되면,
그의 주인이 저지른 모든 악업을 그 자신이 받게 된다. 한편 달아나다
죽은 사람이 내세를 위해 쌓아 둔 선업은 모두 그의 주인이 그로부터
앗아간다."(7.94-95) "브라만이 존중받지 못하면서 어떤 곳에 살게
되면, 매일 다섯 개의 신성한 불에 공양 올리는 사람의 선업마저도
그가 다 가져 간다."(3.100) "누군가가 소유한 저수지에서 절대 목욕하
면 안 된다. 목욕하면 그는 그 저수지를 만든 사람이 저지른 악의
일부에 오염된다."(4.201) 그리고 마지막으로 "도둑이 벌을 받든 풀려
나든, 그것은 그가 도둑질로부터 풀려나는 것이다. 그러나 왕이 그를
처벌하지 못하면 왕은 스스로 도둑의 죄를 뒤집어쓰게 된다. 학식
있는 브라만을 죽인 자는 자신의 죄를 자기 음식을 먹는 사람에게
옮긴다. 음란한 아내는 남편에게, 제자나 제사의 후원자는 스승에게,
그리고 도둑은 왕에게 〔자신의 죄를 옮긴다〕."(8.316-317)

여기에서 본 복덕과 악덕의 이전에 따른 실질적인 결과는 『바가바드
기따』의 메시지와 비교될 수 있다. 거기에서도 병사는 싸워야 하며,

왕은 정의를 퍼뜨려야 한다고 한다. 그렇게 하지 않으면, 『바가바드기따』는 그들이 해탈로 가는 길에서 멀어지게 된다고 설하며, 『마누법전』은 원하지 않는 미래의 삶을 감수하게 된다고 한다. 두 문헌의 메커니즘은 전적으로 다르다. 『바가바드기따』는 행위를 하는 사람에게 고착되어 있는 그런 행위의 개념을 고수하는 반면, 『마누법전』은 대안적 개념으로 자신의 선행의 결과인 복덕은 상실되고 타인의 악행의 결과인 악덕이 자신에게 붙을 수 있다고 한다.

쉬바(Śiva)신 추종자들 가운데 특정 고행자들은 복덕과 악덕의 이전을 독특하게 활용했다. 그들의 목적은 자기의 악덕은 다른 사람이 가져가고 다른 사람의 복덕은 자기한테 축적되게 하는 사회 상황을 만드는 것이었다. 그런 상황은 이 고행자들이 개발한 비정상적인 행위에 의해 조성될 수 있다. 그들은 사회적으로 용납되지 않는 역겨운 행동을 함으로써 보는 이들의 분노를 유발했다. 그들은 이런 식으로 언어적으로나 신체적으로 모욕당할 수 있지만, 이것이 어떤 면에서는 이를 목적으로 한 행위이기도 했다. 그들이 다른 사람들로부터 받는 불명예는 다른 이들의 복덕이 그들에게 오는 반면 그들 자신의 악덕은 학대자들에게 옮겨간다는 것을 의미했다.

복덕과 악덕의 이전(회향) 사상은 브라만교에만 한정되지 않는다. 그것은 대중적 종교의 일부가 되어(어쩌면 항상) 이런 방식으로 고전 인도의 모든 주요 종교에 침투했던 것으로 보인다. 예를 들어, 수많은 불교의 보시들은 이로부터 얻게 되는 복덕을 가족 구성원 중 어느 한 사람(주로 고인이 된 사람)에게 회향하는 것이 목적이다. 그럼에도 불교는 이론적으로는 이런 개념이 편치 않았다.

공덕의 회향은 일반적으로 대승불교로 알려진 불교의 전개에서 중요한 위치를 차지한다. 어떤 불교도들은 단순히 해탈을 위해 매진하는 것이 아니라 스스로 붓다가 되려고 서원했다. 이는 한층 더 높은 목표로서 이를 열망하는 자들에게는 해탈보다 훨씬 더 많은 것이 요구된다. 수백만 혹은 수십억의 내생이 필요할 수도 있는 긴 기간 동안 매진할 준비가 된 이들은 마지막까지 성불의 길을 추구하겠다고 서원한다. 그 이후부터 그들은 보살(菩薩, bodhisattva), 즉 미래의 붓다인 것이다. 완전한 깨달음을 향한 길고도 지난한 여정에서 보살들은 다른 이들의 고통을 내 것으로 삼고, 자신들의 공덕을 그들에게 회향한다.

공덕의 회향은 이론적으로는 자이나교에 도입되지 않은 것으로 보인다. 그러나 많은 자이나교도들은 이 개념을 암묵적으로 허용했다. 예를 들어 죽은 친척들을 위해 장애를 줄이려는 목적으로 행하는 의식 수행과 같은 것이다.

이론적으로는 업보를 수용한 브라만들에게 조차 공덕의 회향은 여전히 문제가 되었다. 『마하바라따』에는 다음과 같은 문장이 있다. "행하는 자는 스스로 그 행위의 결과를 그것이 좋든 나쁘든 간에 경험할 것이며, 이는 세상에서 직접 지각된다. 순수한 행위는 행복을 가져오고, 고통은 악한 행위에서 온다. 언제나 사람은 자기가 행한 대로 받으며, 자기가 행하지 않은 일은 절대 겪지 않는다."(13.6.9-10) 이 문장은 업보의 개별적 성격을 강조한다. 하지만 『마하바라따』의 같은 장에는 다음과 같은 게송도 있다. "옛적에 신화적 인물인 야야띠(Yayāti)가 천상에서 죄를 지었고, 신들에 의해 추방되어 지상으로

떨어졌다. 그러나 그의 외손자들이 지은 공덕에 의해 그는 천상으로 다시 올라갔다." 동일한 장에 있는 이런 상반된 내용은 이론적인 믿음과 실질적인 믿음이 항상 일치하는 것이 아님을 시사한다.

불교에 있어서도 마찬가지다. 이 경우 공덕의 회향이 대부분의 신도와 승려의 종교적 실천에 있어서 결정적인 요소이긴 했어도 이론적으로는 그리 매력적이지 않았다. 따라서 불교철학자 바비야(Bhavya, 청변淸辨, 기원후 6세기)의 다음과 같은 말은 학식 있는 불교도들의 생각을 대표하는 것으로 간주될 수 있다. "한 사람의 영혼으로부터 다른 사람의 영혼으로 죄가 이전되는 것은 상상할 수 없다. 왜냐하면 죄는 물질적인 것이 아니기 때문이다. 마찬가지로 욕망(탐貪), 증오(진瞋), 미혹(치痴) 등등은 한 영혼에서 다른 영혼으로 이전될 수 없다. 선업과 악업을 주고받는 것이 가능하지 않다는 것을 확인할 수 있다. 이는 까르마가 마음에 묶여 있기 때문이다. 즐거움과 괴로움도 마찬가지다." 그럼에도 불구하고 우리는 공덕의 회향이 불교의 중심에 있었다는 것을 안다. 신도나 승려 막론하고 대부분의 불교도들에 의해 실천되었기 때문이다.

제6장 까르마의 경쟁자들

까르마의 중요성은 브라만교와 불교 문헌 모두에서 강조된다. 브라만교의 『빠드마 뿌라나(Padna Purāṇa)』(2.94)에서는 우주에서 일어나는 모든 것의 원인이 까르마라고 주장한다. 불교의 『아비다르마꼬샤 브하샤』에서 바수반두는 "이 세상의 다양함은 까르마에서 비롯된 것이다"(192, 277)라고 누누이 밝히고 있다. 다른 문장들에서는 그것이 전 우주까지 포함하는 것이라고 덧붙인다. 이것만으로 브라만교와 불교 전통 모두 까르마의 중요성을 지극히 강조했다고 결론 내릴 수는 없다(모두 그런 것은 아님). 하지만 까르마가 인도사상에서 중심적 위치에 있음은 명백히 보여주고 있다.

그럼에도 불구하고 이전의 행위가 현재의 사건들을 결정짓는 유일한 요인으로 항상 받아들여졌던 것은 아니다. 현재 감내하는 것이 건강상태, 날씨, 유익하지 않은 물질에 대한 과도한 탐닉, 폭력 등과 같은 평범한 다른 요인들의 결과라고 자주 언급된다. 붓다와 시바까(Sivaka)

라는 유행자 사이에 오간 논의를 담고 있는 불전(『상윳따 니까야』 IV 230-231)에는 다음과 같은 내용이 있다.

"고따마 존자시여, 이와 같은 교리와 견해를 지니는 고행자들과 브라만들이 있습니다: '무엇이든 사람이 경험하는 것은, 그것이 즐겁든 괴롭든 즐겁지도 괴롭지도 않든, 그 모든 것은 과거에 행해진 것에서 비롯된 것이다.' 고따마 존자께서는 이에 대해 어떻게 말씀하십니까?"

"시바까여, 여기에서 어떤 느낌은 담즙의 장애로 인해 일어나며, 어떤 느낌이 담즙의 장애로 일어난다는 것을 사람은 알 수 있고, 그것은 세상에서 사실이라고 간주된다. 이제 어떤 고행자들이나 브라만들이 있어 이와 같이 '무엇이든 사람이 경험하는 것은, 그것이 즐겁든 괴롭든 즐겁지도 괴롭지도 않든, 그 모든 것은 과거에 행해진 것에서 비롯된 것이다'라는 교리와 견해를 가진다면 그들은 스스로 아는 것을 넘어서고 세상에서 사실이라고 간주되는 것을 넘어서는 것이다. 그러므로 나는 그 고행자들과 브라만들 입장에서 이것은 틀리다고 말한다.

시바까여, 여기 어떤 느낌은 가래의 장애로 인해 일어나며 … 바람의 장애로 일어나며 … 그 셋의 부조화로 일어나며 … 기후의 변화로 생겼으며 … 부주의한 행위로 생겼으며 … 공격으로 인해 생겼으며 … 까르마의 결과로 생겼다. 여기 일어나는 어떤 느낌이 까르마의 결과로 생겼다는 것을 스스로 알 수 있으며, 그것은 세상에서 사실로 간주된다. 이제 어떤 고행자들이나 브라만들이 있어 이와 같이 '무엇이든 사람이 경험하는 것은, 그것이 즐겁든 괴롭든 즐겁지도 괴롭지도 않든, 그 모든 것은 과거에 행해진 것에서 비롯된 것이다'라는 교리와 견해를 가진다면 그들은 스스로 아는 것을 넘어서고 세상에서 사실이라고 간주되는 것을 넘어서는 것이다. 그러므로 나는 그 고행자들과 브라만들 입장에서 이것은 틀리다고 말한다."

브라만교 문헌에는 더 많은 요소들이 나열되어 있다. 『슈베따슈바따라 우빠니샤드』에 의하면 "어떤 현인은 그것이 자성自性이라고 말하고, 다른 이는 그것이 시간이라고 말하지만 모두 완전히 미혹된 것이다. 그로 인해 브라흐마의 바퀴가 굴러가는 그것은 오히려 세상에 현존하는 신의 위대함이다."(6.1) 『바가바따 뿌라나(Bhāgavata Purāṇa)』에는 더 많은 예를 든다. "주님은 가련한 피조물의 수명의 연장이나 감소를 정한다. 어떤 이들은 이것이 까르마라고 하고, 다른 이들은 자성이라고 하며, 다른 이들은 시간, 다른 이들은 운명, 그리고 또 다른 이들은 그것을 욕망이라고 한다."(4.11.21-25) 이 요소들 가운데 자성은 우리가 살고 있는 세상의 다양함을 설명하기 위해 짜르바까(Cārvaka)들이 언급한 자성일 수도 있다. 지금 더 많은 관심을 끄는 것은 시간과 운명이다. 그에 대해 알아보기 전에 저주의 역할에 대해 먼저 살펴보자.

저주는 브라만들의 특별한 관심사였다. 그들이 소유하고 있는 것으로 주장되는 특별한 힘은 주술 가운데에서도 정확히는 저주에 관한 것이다. 저주는 피해자들에게 지대한 영향을 줄 수 있다. 이를 보여주는 수많은 이야기들이 브라만교 문헌에 있다. 이 가운데 가장 유명한 것은 왕과 사랑에 빠져 그와 비밀리에 결혼한 여인 샤꾼딸라(Śakuntalā)에 관한 것이다. 사랑에 빠진 그녀는 골똘히 생각에 잠겨 그만 지나가는 브라만 현자를 무시하게 되었는데, 이에 불쾌해진 현자는 그녀의 마음을 빼앗아간 상대가 그녀를 잊게 하는 저주를 내린다. 그리고 실제로 얼마 후 샤꾼딸라가 그녀의 갓난아기를 아기의 아버지에게 보여주기 위해 궁정을 찾아갔을 때 왕은 그녀와의 만남에 관한 모든 것을 잊어버린다. 이는 매우 복잡한 상황으로 전개되었고, 이를 해결하는 데 많은 시간이 걸리게 된다. 이 신화적인 모티브는 위대한 산스끄리뜨 시인 깔리다사(Kālidāsa)가 (독일의 유명한 저자 괴테(Goethe, 1749~1832)를 포함) 전 세계 독자들의 사랑을 받게 된 그의 가장 유명한 희곡 『아비즈냐나 샤꾼딸람(Abhijñāna-śākuntalam)』을 쓰는 데 영감을 주었다. 여기에서 우리의 관심은 어떻게 문제가 풀렸는가가 아니라 애초에 어떻게 이런 문제가 생길 수 있었는가에 있다. 이 저주는 샤꾼딸라가 전생에 지은 죄의 결과였을까? 아니면 업보에 따른 결과였을까?

　바로 이 문제에 대해서 모든 자료들이 침묵하고 있다. 그리고 많은 경우 저주에 관해 일종의 불편함을 드러낸다. 저주와 업보는 대체로 양립하지 않는 것으로 보이기에 이러한 반응은 자연스러울 수 있다. 사람의 운명이 저주가 내려졌다는 사실에 의해 영향을 받는다면, 저주를 내린 현자나 브라만의 의지에 따라 업보의 법칙이 조정될 수 있다는 것인가? 더욱이, 어떤 저주는 정당할 수 있지만 어떤 것은 그렇지 않을 수 있다. 종종 아주 사소한 잘못이 가장 끔찍한 저주를 유발하기도 한다. 그렇다면 저주와 업보는 어떻게 조화를 이룰 수 있는가?

인도문학의 전개 과정에서 이 둘 사이의 간극을 메우려는 경향은 분명히 있었다. 저주는 윤리적(즉 까르마적) 고려를 근거로 한 어떤 기대치에 점차 더 맞추려 한다. 불운한 피해자들에게 닥친 언뜻 납득되지 않는 재난은 충분히 그럴 만한─때로는 전생의─ 저주의 개입으로 설명된다. 그렇게 저주와 업보는 함께 작동하는데, 전자는 저주받은 사람이 받게 되는 결과에 구체적인 모습을 부여한다.

저주의 효능이 브라만들이 쉽게 포기하고 싶지 않은 것이었다면 운명론, 즉 결정의 자유에 조금의 여지도 주지 않는 엄격한 결정론에 관한 사고는 아지비까에 의해 처음 알려진 것이다. 이 종교에 따르면 개개인은 장구한 생의 연속을 거쳐야 하며, 이에 대해 개인이 할 수 있는 것은 아무것도 없다. 부가하자면, 적어도 아지비까의 결정론은 실지로는 까르마 결정론인 셈이다. 즉 이전의 행위가 현재 이렇게 행하도록 강요하고, 이 새로운 행위는 우리의 미래를 결정한다. 우리는 『바가바드기따』의 메시지 가운데 결정론과 유사한 요소가 있었음을 살펴보았다. 이에 따르면, 사람이 자기 자신의 정체성을 깨닫게 되었을 때 이 결정론은 그의 몸을 조정한다. 이와 상관없이 운명론도 나타나는데, 주로 『마하바라따』에서 나타나며, '시간'과 관련된 경우가 많다. 시간은 숙명 또는 운명으로 제시되는데, 인간은 그 앞에서 너무도 무력하다. 이 서사시가 숙명에 직면하여 설파하고자 하는 태도는 '수용'이다. (3.245.13-15)

사람은 순차적으로 즐거움과 괴로움을 경험한다. 어느 누구도 즐거움이 완전히 배제된 삶을 살지는 않는다. 최상의 통찰력이 있고 인생의 부침을 아는 현명한 사람은 슬퍼하지도 기뻐하지도 않는다. 즐거움이 오면 이를 느껴야 하며, 괴로움이 오면 이를 견뎌야 한다. 농부가 그의 수확량을 존중하듯 그는 시간(즉 운명)이 가져다주는 것을 존중해야 한다.

그리고 또(1.84.6)

중생의 세계에서는 많은 존재가 운명에 달려 있고 그들의 노력은 종종 허무하게 끝나곤 한다─자아의 지혜로 운명이 더 강력하다는 것을 알기 때문에 현명한 사람은 무엇을 얻든 절망해서는 안 된다.

이 서사시에서 때로는 운명과 인간의 노력이 대비되는데, 후자가 바로 까르마이다. 그 예는 다음과 같다.(13.6.5-11)

씨앗 없이는 아무것도 생기지 않는다. 씨앗이 없으면 열매가 맺히지 않는다. 씨앗에서 씨앗이 나온다. 열매는 씨앗에서만 나온다고 알려져 있다.
농부가 특정 씨앗을 심으면 특정 작물을 얻을 수 있듯이, 선행과 악행도 그와 같다.
씨앗이 없는 땅이 황폐한 것처럼, 인간의 노력 없이는 운명도 없다.
땅은 인간의 노력인 듯하고 운명은 씨앗이다. 땅과 씨앗이 만나

농작물을 풍성하게 만든다.

행위자는 스스로 자신의 행위에 대한 과보를 받는다. 행위·비행위와 관련해 세상에서 이는 명확하다.

행복은 순수한 행위를 통해 오며, 괴로움은 악행의 결과로 온다. 행위로 모든 것이 얻어지며, 행위 없이는 그 어떤 것도 즐기지 못한다.

운명으로 피해를 입은 행위자는 그 어떤 경우에도 그 기반에서 낙오되지 않지만, 행하지 않는 자는 그의 상처에 소금이 뿌려진다.

여기에서 보이는 대비에도 불구하고 운명론과 업보 사이의 대립은 저주와 업보 사이만큼 뚜렷하지는 않다. 둘은 아지비까에서 그리고 어떤 면에서는 『바가바드기따』에서도 상당히 조화롭게 공존했다. 업보에 대한 특별한 해석으로 운명론이 생겼을 가능성도 있다. 실제로 업보론은 엄격하게 해석될 경우 운명론으로 이어질 수 있다. 『맛치야 뿌라나(Matsya Purāṇa)』의 표현을 빌리면, "다른 몸으로부터 받은 자기 자신의 까르마를 운명이라 한다."(221.1-12)

또 『짜라까 상히따(Caraka-saṃhitā)』라는 의학 논서는 운명과 까르마가 결국 같은 것이라고 말한다. "운명은 스스로 자초한 것으로, 전생의 행위(karma)로 간주해야 한다."(3.3.30) 그런데 이 문헌은 까르마의 결과를 상쇄하는 데 쓰일 수 있는 '약'이라는 새로운 요소를 소개한다. 더 일반화 하자면, 이전 까르마가 불러올 결과에 대응할 수 있는 인간의 노력과 같은 것이 있다는 것이다. 예를 들어, 까르마는 어느 정도의 특정 수명을 선호할 수 있지만 이 까르마에 의한 수명이

정해진 것은 아니다. 『짜라까 상히따』(3.3.36)는 이를 다음과 같이
자세히 설명한다.

> 만약 모든 수명이 정해진 것이라면 건강을 위해 어느 누구도 효험
> 있는 치료나 주술, 약초, 보석, 부적, 제물, 의식, 속죄, 단식,
> 축복, 절과 같은 것을 활용하지 않을 것이다. 동요하거나 난폭하거
> 나 길들여지지 않은 소나 코끼리, 낙타, 당나귀, 말, 물소 등등이
> 없을 것이고, 피해야 할 오염된 바람과 같은 것도 없을 것이다.
> 산에서의 추락이나 건너지 못하는 급물살에 대한 걱정이 없을
> 것이고, 그 마음이 태만하거나 정상이 아니거나 안절부절못하거나
> 사납거나 길들여지지 않았거나 어리석거나 탐욕스럽거나 천박한
> 사람도 없을 것이다. 적이 없고, 맹렬한 불길도 없으며, 독성 있는
> 다양한 덩굴 식물이나 뱀도 없고, 폭력적인 행동도 없으며, 때와
> 장소가 맞지 않는 행동도 없고, 왕의 분노도 없을 것이다. 왜냐하면
> 모든 생명의 기간이 정해져 있고 미리 결정된 것이라면 이런 것들이
> 생겨도 죽지 않을 것이기 때문이다.

같은 책(같은 곳)에서는 수명이 정해진 것이 아니라는 것을 증명하기
위해 의식儀式의 예를 든다.

관찰을 통해 우리는 다음과 같이 알게 된다. 수많은 큰 전쟁을
거치면서 전투를 하는 수천 명의 수명은 그렇지 않은 사람들의
수명과 같지 않다. 발생하는 모든 질병에 대해 치료받는 사람과

그렇지 않은 사람도 마찬가지다. 독을 마시는 사람과 그렇지 않은 사람 사이에도 수명의 차이가 있다. 식수용 물항아리와 장식용 물항아리의 수명은 같지 않다. 결과적으로 수명은 건실한 생활에 기초하고 있으며, 그 반대에는 죽음이 있다.

뿌라나(Purāṇa)의 까르마에 대해 논의하면서 우리는 그 문헌들에서 현저하게 나타나는 속죄라는 개념과 마주했다. 최초로 나타나는 속죄 개념은 베다 제식과 분리되지 않았다. 제식은 오류 없이 실행되어야 했다. 오류는 제식의 가치를 무효화할 위험이 있기 때문이다. 그럼에도 오류는 계속 생길 수 있으므로 이를 바로잡기 위한 조치가 취해진다. 그것이 바로 속죄인데, 스스로에게 부과하는 특정 행위로서 오류를 무효화시킨다고 믿어졌다.

속죄는 브라만교 전통에서 지속적인 인기를 누렸으며, 제식이라는 틀을 벗어나서도 마찬가지였다. 특히 브라만들은 통치자에 의해 부과된 처벌보다 스스로 부과하는 속죄를 더 선호했다. 스스로 부과하는 속죄는 극도로 가혹할 수 있어 죽음에까지 이를 수 있다. 그러나 이것으로 속죄가 분명히 업보와 양립할 수 있다는 사실이 바뀌지는 않는다. 실제로 특정 뿌라나에 나타난 내용은 속죄가 까르마적 '처벌'을 피하기 위한 방법일 수 있음을 시사한다.

그렇기 때문에 까르마가 남긴 흔적이 무르익게 하려고 자기 스스로 부과하는 규제라는 관념이 반드시 업보와 모순되는 것이 아님을 받아들여야 한다. 우리는 고행자 스스로 부과한 고통이 과거에 행해진 행위의 흔적을 파괴한다고 믿는 사고로부터 자이나교 고행이 영감을 받았음을 살펴보았다. 업보와 브라만교의 속죄는 장엄하게 결합될 수 있었고, 이를 실현하기 위해 브라만교 전통은 모든 수단을 동원했다. 『데비바가바따 뿌라나』(4.21.5-17)의 다음 문장은 이를 보여준다. "과거에 지었던 까르마는 반드시 치러야 한다지만, 순례나 고행이나 공물로 이를 소진시킬 수는 없을까? 왜냐하면 성스러운 현자들이 지은 법전에는 전생에 쌓인 악을 소멸시키기 위한 속죄의 의식이 명시되어 있기 때문이다." 여기에서 브라만교의 속죄는 고행(순례, 공물과 더불어)과 동등한 수준에 있다. 둘 다 이전 행위의 흔적을 소멸시키는데, 아마도 까르마가 '숙성'하도록 강제하기 때문일 것이다.

제7장 한 생에서 다음 생으로

죽음을 맞이하는 그 순간의 정신 상태는 다음 생의 성격을 결정하는 가장 중요한 요인으로 간주되곤 한다. 어떤 의미에서 이는 업보에 대한 믿음과 상충되지 않는다. 왜냐하면 한 사람의 임종 순간의 상태는 그의 삶 전체의 최종 결과로서 이번 삶이 어떠했는지를 반영하는 것으로 볼 수 있기 때문이다. 그러나 항상 그런 것은 아니다. 사람의 최종 정신 상태는 그가 마무리하는 인생을 대표하기보다는 오히려 예외적이거나 뜻밖의 것일 수도 있다. 이런 경우 임종 순간의 정신 상태는 그 사람의 인생의 전반적인 흐름과 상반될 수 있다. 그렇다면 죽을 때의 정신 상태에 부여된 역할이 모호해진다. 상황에 따라 업보의 중요성이 확대 해석될 수도 있고, 업보로부터 분리될 수도 있다.(어쩌면 업보와 모순될 수도 있다.)

자이나교

자이나교에서 상당한 경지에 이른 수행자들의 경우 임종 순간이 해탈의 순간이기도 하다. 모든 까르마가 소진되고 새로운 까르마가 생성되지 않는 미묘한 순간이다. 해탈 순간의 정확성을 중시하는 것으로 보아 자이나교에서는 평범한 사람들의 임종 순간마저도 상당히 중시될 것으로 보인다. 더욱 그럴 것이 자이나교도들은 한 생에서 다음 생으로의 전이가 즉각적으로 일어난다고 간주하기 때문이다.

실제로도 그렇다. 자이나교에서는 임종 직전의 정신 상태가 중요한 역할을 하며, 재생은 사후 즉시 이루어지는 것으로 믿어진다. 마지막 순간의 정신 상태에 관한 이런 태도는 부정적 형태를 취할 수도 있다. 어떤 주석가는 성교 중에 죽은 남자는 상대 여인의 자궁 안에 다시 태어난다고 주장한다. 하지만 임종 순간의 정신 상태가 지니는 긍정적인 의미를 더 중요시 한다. 그것은 자이나라는 종교의 본질적인 특징 이면에 있는 것으로서 자신의 죽음을 선택하고 조정하고자 하는 욕구와 관련되어 있다.

스스로 선택하는 이 거룩한 죽음을 자이나교에서는 살레카나(Sallekhana)라고 부른다. 자이나교도들은 이러한 '순수한' 살레카나와 '불순한' 것으로 간주되는 다른 형태의 자살을 확실하게 구분한다. 살레카나는 수행자의 내적 평화나 명철한 알아차림을 절대 방해하지 않는 점진적인 방식으로 모든 음식을 의식적이고 양심적으로 금한다. 그러한 죽음은 다음 생에 긍정적인 영향을 미칠 것이지만, 살레카나가 재생이나 현세의 수명 연장, 신속한 죽음, 현생에서 얻지 못한 미래의 감각적 즐거움에 대한 기대 등과 관련된 그 어떤 욕망으로도 오염되지 않는 것이 중요하다. 이런 거룩한 죽음과 관련된 고난에도 불구하고 많은 자이나교도들이 수 세기에 걸쳐 이런 죽음을 선택하고 실행했다는 것은 확실하다.

자신이 선택하는 청정한 죽음에 관해서는 다음의 자이나교 경전(『웃따라디야야나』, 5)에서 볼 수 있다.

죽음으로 생을 끝내는 두 가지 방법이 선언되었으니, 곧 의지에 따른 죽음과 의지에 반하는 죽음이다. 의지에 반하는 죽음은 무지한 사람의 죽음이며, 같은 사람에게 여러 번 일어난다. 의지에 따른 죽음은 현명한 사람의 죽음이며, 기껏해야 한 번 일어난다. …

스승들에게서 들은 바로는 스스로를 조절하고 감관을 억제하는 덕 있는 사람들의 죽음은 평화가 가득하고 어느 누구에게도 상처를 주지 않는다. …

계율에 따라 경건하게 생활하는 자는 비록 재가자일지라도 살과 뼈를 떠날 때 약샤(Yakṣa)라 불리는 신의 세계를 공유하게 될 것이다.

이제 스스로를 제어하는 수행자는 모든 고뇌로부터 자유로운 자 혹은 큰 힘을 가진 신 그 둘 중 하나가 될 것이다.

스스로를 조정하고 자신의 감관을 억제하는 공경할만한 사람에게서 이것을 듣고 나서 덕스럽고 학식 있는 자는 임종의 시간에 떨지 않는다.

죽음을 준비할 적합한 시간이 왔을 때, 신념이 두터운 수행자는
스승 앞에서 모든 두려움과 기쁨의 감정을 억누르고 자기 몸이
해체되는 것을 기다린다.

몸을 떠날 시간이 왔을 때 현자는 자신의 의지에 따른 죽음을
맞이한다.

불교

불교에서는 임종의 순간이 덜 강조되지만 그와 관련된 내용은 곳곳에
서 발견된다. 부차적이긴 하지만 다음과 같은 내용이 「마하깜마비방가
숫따(Mahākammavibhaṅga-sutta)」, 『맛지마 니까야』(III 214-215)에 소
개된다.

여기에서 어떤 사람이 생명을 죽이지 않고, 주지 않은 것을 취하지
않으며, 감각적 즐거움을 그릇되게 행하지 않고, 거짓을 말하지
않으며, 악의를 갖고 말하지 않고, 거칠게 말하지 않으며, 험담하는
것을 삼가고, 탐욕스럽지 않으며, 악의를 품지 않고, 바른 견해를
가지면 그는 몸이 무너져 죽은 후에 행복한 곳에, 심지어 천상에
다시 생한다. 그는 앞서 유쾌하게 느낄 선행을 했거나, 뒤에 유쾌하
게 느낄 선행을 했거나, **죽을 때 바른 견해를 얻어 지녔을 것이다.**
...

여기에서 어떤 사람이 생명을 죽이고, 주지 않은 것을 취하며,
감각적 즐거움을 그릇되게 행하고, 거짓을 말하며, 악의를 갖고

말하고, 거칠게 말하며, 험담하고, 탐욕스러우며, 악의를 품고, 그릇된 견해를 가지면 몸이 무너져 죽은 후에 그는 박탈된 상태에, 불행한 곳에, 심지어 지옥에 다시 생한다. 그는 앞서 괴롭게 느낄 악행을 했거나, 뒤에 괴롭게 느낄 악행을 했거나, **죽을 때 그릇된 견해를 얻어 지녔을 것이다.**

임종 직전의 마지막 의지가 곧바로 이어지는 내생의 성격을 결정짓는 중요한 요소라는 믿음은 여전히 많은 불교 국가에서 받아들여지고 있는 듯하다. 남방 테라바다 불교의 교본인 『비숫디막가(Visuddhi-magga)』는 제17장에서 어떠한 마지막 생각이 어떠한 내생으로 이어지는지에 대해 상세히 설명해 준다.

불교도들에 따르면 중간 존재(중음신中陰身)는 죽음과 다음 몸을 받는 재생 사이의 간극을 메운다. 이 중간 존재는 때로는 간다르바(gandharva)라고 불리며, 연속하는 두 생 사이에서 적합한 다음 몸을 찾을 때까지 불특정 기간 동안 존재한다. 아비다르마불교 철학의 주요 작품인 바수반두의 『아비다르마꼬샤 브하샤』는 (게송 3.15에 대한 주석에서) 그 과정의 마지막 부분을 다음과 같이 묘사한다.

중간 존재는 그것이 가야 할 내세의 장소로 가기 위해 생겨난다. 그는 자신의 행위 덕에 천안天眼을 갖는다. 아무리 멀리 떨어져 있어도 그는 자신이 다시 태어날 장소를 본다. 거기서 그는 아버지와 어머니가 결합하는 것을 본다. 그는 성관계와 적대감의 영향으로 힘들어 한다. 중간 존재가 남성일 때는 어머니를 향한 남성적

욕망에 사로잡히고, 여성일 때는 아버지를 향한 여성적 욕망에
사로잡힌다.

이 내용은 언뜻 프로이드(Freud)의 오이디푸스 콤플렉스를 떠올리
게 하지만 엄밀히 말하면 전혀 상관없다.(부모 중 하나에 열정을 느끼는
것은 아이가 아니라 중간 존재이다.) 중간 존재의 마지막 마음 상태가
그 사람이 어디서 그리고 어떤 상태로 태어날지를 정한다고 한다.
이는 임종 순간의 정신 상태가 결정적이라는 주장과 완전히 일치하지
는 않지만 몇 가지 특징을 공유한다. 두 경우 모두 재생의 순간 바로
전의 정신 상태가 정확히 어디에 재생이 있게 될지를 결정한다. 아비다
르마 불교철학의 경우 재생 직전의 이 순간은 더 이상 임종 직전의
순간이 아니다. 중간 존재의 마지막 순간인 것이다.

재생에서 역할을 담당하는 간다르바 개념은 불교경전에 이미 알려져
있다. 『맛지마 니까야』(I 265-266)에는 다음과 같은 내용이 나온다.

비구들이여, 자궁 속 태아의 잉태는 세 가지가 합해져 이루어진다.
아버지와 어머니의 결합은 있지만 어머니가 가임기가 아니고 간다
르바가 존재하지 않는다면. 이 경우 자궁 속에 태아의 잉태는
없게 된다. 아버지와 어머니의 결합이 있고 어머니가 가임기이지만
간다르바가 존재하지 않는다면, 이 경우에도 자궁 속에 태아의
잉태는 없게 된다. 그러나 아버지와 어머니의 결합이 있고 어머니
가 가임기이고 간다르바가 존재하면 이 세 가지가 합해져 자궁
속에 태아의 잉태가 있게 된다.

중간 존재에 대한 바수반두의 생각은 이와 같은 내용에 근거했을 가능성이 크다. 하지만 모든 불교도들이 이 문장을 그런 식으로 해석하는 것은 아니다. 스리랑카, 태국 그리고 몇몇 동남아시아 테라바다 불교 국가들에서는 이것이 중간 존재의 도움 없이 즉시 윤회가 이루어진다는 생각을 포기하게 하지는 않았다. 그들에 따르면 여기에서 언급하는 간다르바는 전생에서 곧바로 자궁에 막 들어가려는 존재이다.

브라만 전통

브라만교 전통에는 업보윤회사상이 원래 알려져 있지도 받아들여지지도 않았다. 결국엔 이 사상을 채택하게 되었지만 그들의 초기 개념 일부는 여전히 유지되었다. 그 결과 서로 잘 어울리지 않는 생각들이 혼합되었다. 한 생에서 다음 생으로의 이전을 묘사하는 최초의 브라만교 교설 가운데 하나인 『브리하다라냐까 우빠니샤드』(4.4.3-4)의 한 문장을 먼저 검토해 보자.

그것은 이와 같다. 애벌레가 풀잎의 끝에 오면 새로운 잎을 발판으로 삼아 뻗어나가 그곳으로 자신을 끌어당기듯이, 그와 같이 자아는 이 몸을 쓰러뜨려 의식이 없게 한 후, 새로운 몸을 발판으로 삼아 뻗어나가 그곳으로 자신을 끌어당긴다.
그것은 이와 같다. 직조공이 색실을 제거한 후 새롭고도 매력 있는 다른 모양을 짜듯이, 그와 같이 자아는 이 몸을 쓰러뜨려 의식이 없게 한 후, 자신을 위해 새롭고도 매력 있는 다른 모습, 즉 조상이나 간다르바, 신, 쁘라자빠띠(Prajāpati), 브라흐마(Bra-hmā) 또는 다른 존재의 모습을 만든다.

이 내용의 후반부가 관심을 끄는 것은 업보윤회(적어도 그중 일부)에 대한 믿음을 채택한 초기 브라만들이 이를 매우 긍정적인 방식으로 해석했기 때문이다. 자아가 자신을 위해 인간이 아닌 신과 다른 초자연적 존재들 가운데 더 나은 존재를 창조한다는 것이다. 이것은 일반적으로 우리가 알고 있는 믿음의 온전한 모습은 아니다. 그리고 이렇게 일방적인 형태는 브라만교 전통에서 오래 살아남을 수 없었다.

이미 앞에서 조상에게 음식을 제공하는 의식인 브라만교의 슈랏다를 언급했다. 이 의식은 사람의 행위에 의해 결정되는 윤회와는 다른, 사후의 운명을 전제로 하고 있다. 그러나 이 의식은 업보윤회가 일반적으로 받아들여지던 시기까지만 살아남았고, 결국에는 죽은 후에 도대체 어떤 일이 일어나는가라는 새로운 생각들로 이어졌다. 쁘레따(preta)로 알려진 몸과 분리된 죽은 조상의 영혼이 이제 사후에서 다음 환생까지를 연결하는 중간 존재로 생각되었다. 때로는 추가 보완이 이루어져 연속하는 중간 존재들이 상정되기도 한다. 하지만 이런 세부 사항들이 지금 우리의 관심사는 아니다.

우리의 관심을 끄는 것은 브라만 전통이 이에 관해 일치된 견해를 가지지 않았다는 점이다. 『마하바라따』(3.181.23-24)에 나오는 마르깐데야(Mārkaṇḍeya) 현자가 까운떼야(Kaunteya)에게 말해 주는 다음의 내용이 이를 잘 보여준다. "원래 신이 창조한 몸인 사람은 선행과 악행을 꽤 많이 쌓는다. 그의 생 마지막에 그는 부패한 자기 시체를 버리고 즉시 자궁 안에 다시 태어난다. **중간 존재는 없다.**" 여기에서 '중간 존재(antarābhava)'라는 용어는 (위에서 살펴본) 불교의 『아비다르마꼬샤 브하샤』와 다른 곳에서도 사용되는 용어다. 여기에서 보이는 그런 존재에 대한 명백한 부정은 저자가 그 개념에 익숙해 있었으며, 그것을 거부했다는 것을 보여준다.

임종 순간의 정신 상태가 그 사람의 내생을 결정한다는 개념도 브라만교에는 알려져 있었다. 『빠드마 뿌라나』(2.1.5.1-35)는 어떤 사람이 임종 순간에 악마들로 인해 겁을 먹어 "악마들!"이라고 생각했다가 악마로 다시 태어났다는 재미있는 이야기를 들려준다. 『가루다 뿌라나(Garuḍa Purāṇa)』(Uttara Khaṇḍa 22.7)는 임신 순간의 아버지의 정신 상태에 큰 중요성을 부여함으로써 이 개념에 묘한 반전을 가한다. "남자가 수태의 순간에 무엇이든 마음에 품고 있으면 그런 성질을 갖는 피조물이 자궁에 들어갈 것이다." 그러한 이유 때문인지 현대 힌두교에서는 임종하는 사람의 오른쪽 귀에 신성한 주문이 낭송된다.

제8장 신애(bhakti)

앞서 우리는 철학자들이 업보에 대응하기 위해 신(God)을 착안해
낸 방법에 대해 논의했는데, 이는 그 신이 과연 자신이 창안하거나
명하지도 않은 업보의 법칙을 엄격히 따르는 '까르마 회계사'에 불과할
까라는 질문을 야기했다. 어느 면에서는 그렇다고 할 수 있다. 세상에
대한 그들의 설명에서 신이 할 수 있는 일이 별로 없기 때문이다.
그런데 그들은 신에게 단지 지적인 미봉책 이상의 중요한 역할을
부과한 것으로 의심된다. 사실 그들이 그렇게 하지 않았더라도 아마
다른 자들이 했을 것이다. 어떤 이들은 업보의 시종 같은 존재로서의
신의 개념은 앞뒤가 뒤바뀐 것이라고 생각했다. 즉 까르마 법칙이
명해서 신이 어떤 행위에 대해 보상하는 것이 아니라 거꾸로 신이
원하기 때문에 까르마 법칙이 효력을 발한다는 것이다.

이와 관련된 흥미로운 예는 14세기의 저자 마다바(Mādhava)가 철학
자이자 쉬바신 숭배자인 **빠슈빠따**(Pāśupata)들의 입장을 소개하는

다음 문장에서 볼 수 있다.

다른 학파들에 따르면 모든 것의 원인은 다른 어떤 것(까르마)에 의존해 작용한다. 그러나 여기에서 신은 독립적이다. …

그러나 반론자는 다음과 같이 말할 것이다. 독립적인 주님이 원인이라고 생각하는 것은 중대한 착각이다. 만약 신이 그렇다면 두 가지 오류가 생기기 때문이다. 곧 행위는 어떠한 결과도 만들어내지 않게 되고, 모든 결과는 동시에 만들어지게 된다.

(이에 그 빠슈빠따들은 답할 것이다.) 각 요소들은 각자의 자리가 있기 때문에 그런 것을 가정할 필요는 없다.

〔반론자〕 그러나 만약 독립적인 주님이 원인이라면 행위는 과보가 없게 될 것이다.

〔빠슈빠따〕 그렇다고 치자. 그래서 어떻다는 것인가?

〔반론자〕 그러면 행위에 대한 동기가 없게 된다.

〔빠슈빠따〕 우리는 묻는다. 과보 없는 행위의 원인이 되는 동기의 부재는 누구에게 귀속되는가? 행위자인가, 주님인가? 전자는 아니다. 왜냐하면 행위는 신의 의지에 합당할 때 과보가 있게 되고, 주님이 원하지 않으면 결코 과보를 낳지 않기 때문이다. … 그렇다고 우리가 일을 안 하고 살 수는 없다. 우리는 신의 뜻에 따라 농사꾼이 어떻게 일하고 사람들이 어떻게 행동하는지를 보기 때문이다. 후자도 아니다. 왜냐하면 주님은 바라는 바가 이미 모두 충족된 만큼 까르마에 의해 조성된 그 어떤 동기에도 의존하지 않기 때문이다.

모든 결과가 동시에 만들어질 것이라는 반론도 성립되지 않는다.
왜냐하면 우리는 가늠할 수 없는 힘으로 모든 결과를 낳게 하는
그 힘이 주님의 의지에 따른 것임을 인정해야 하기 때문이다.
—『사르바다르샤나—상그라하(Sarvadarśana-saṃgraha)』(79)

결론적으로 신의 가호를 받은 행위만이 과보를 받으며, 신의 가호를
받지 않은 행위는 그렇지 않다는 것이다. 위의 내용은 신이 수확의
원인이라는 사실이 농부가 밭가는 것을 막을 수 없듯이 신의 독립성은
우리의 행동을 좌절시켜서는 안 된다는 점을 강조한다. 다른 말로
하면, 신은 까르마의 법칙에 얽매이지는 않지만 일상적인 상황에서는
이를 선호한다는 것이다.

앞의 내용은 상대적으로 논리적인 측면이 있다. 최고신을 훨씬
더 인격적으로 바라보는 입장은 신애(信愛, bhakti)를 중심으로 한
향후 인도종교의 전개에서 지배적인 위치를 점하게 된다.

숭배하는 신을 향한 신자들의 헌신은 인도뿐만 아니라 모든 종교의
일반적인 모습이다. 박띠(bhakti)는 신에 대한 헌신의 특별한 형태로
서, 시간이 지나면서 인도종교에서 매우 중요한 역할을 하게 된다.
또한 최고 목표에 도달하기 위한 도구라는 점에서 헌신의 일반적
형태와는 다르다. 박띠는 이 종교적 최고 목표에 이르기 위해 다른
방법들과 경쟁하게 되는데, 목표의 성격에도 어느 정도 영향을 주게
된다. 즉 윤회로부터의 해탈이 아닌 최고신에게 최대한 가까이 가는
것이 그 목표가 될 수 있는 것이다.

원칙적으로 신앙심은 그 어떤 최고신에 대한 것이어도 상관이 없다.

하지만 실제에 있어서는 박띠의 가장 두드러진 형태는 쉬바신이나 비슈누(Viṣṇu)신, 특히 후자의 화신인 끄리슈나(Kṛṣṇa)신 그리고 라마 (Rāma)신과 관련이 있다.

『바가바드기따』는 끄리슈나신에 대한 헌신이 종교적 목표로 제시된 초기 문헌 가운데 하나이다. 여기에서 헌신은 무심한 행위에 이르는 수단이며, 무심한 행위 자체는 최고 목표를 향한 수단이 된다. 『요가 수뜨라(Yoga sūtra)』에도 신에 대한 헌신이 일종의 수단으로 나오는데, 여기에서는 요가 명상에 이르기 위한 수단인 것이다. 이 문헌들과 여타 초기 문헌들의 박띠에서는 후대의 몇몇 문헌들의 박띠를 특징짓는 강렬함이나 감정이 전혀 보이지 않는다.

더 감성적인 종류의 박띠는 인도아대륙의 남부에서 시작된 듯하다 (일부 학자들은 이 견해를 받아들이지 않는다). 현존하는 최초의 작품(기원후 6~10세기)은 알바르(Alvar, 비슈누 숭배자)나 나야나르(Nayanar, 쉬바 숭배자)라 불리는 시인들이 따밀(Tamil)어로 작성한 것이다. 이 시인들의 상당수가 브라만이 아니었다는 사실, 그리고 이 문헌뿐만 아니라 이런 류의 박띠를 채택한 브라만 문헌이 브라만적 사회질서에 비판적이었다는 사실은 감성적 박띠가 비브라만계 종교를 대변하는 것으로서 한동안 자리잡고 있었다는 이론을 뒷받침해 준다.

『바가바따 뿌라나』는 기원후 1~2세기에 남부에서 작성된 것으로 추정된다. 알바르의 감성적 박띠가 묘사되어 있는데, 현존하는 문헌은 산스끄리뜨로 되어 있다. 이 문헌은 그러한 특징이 브라만교 전통에 흡수되었다는 증거가 되는데, 여기에서는 박띠가 베다 학문과 베다 제식을 포함한 다른 모든 것보다 우월하다고 강조된다.

박띠는 이후 수많은 작품에 나타나며, 그중 상당수는 카스트 계급의 구분과 함께 브라만적 사회체제에 대해 비판적이다. 이 체제를 반대하지 않는 사람들도 종교 실천으로서의 박띠가 사회 모든 계층의 남성과 여성(!)에게 열려 있다는 데는 동의한다.

특정 문헌에 따르면 신자들에게 있어 최고신에 대한 헌신은 자신을 까르마라는 짐으로부터 자유롭게 하는 통로가 된다. 이러한 신념이 시간이 경과하면서 한층 강화되어, 신애의 종교는 인도종교의 장에서 독보적 위치를 점하게 된다.

신애는 당연히 신앙하는 최고신이 있을 때만 가능하다. 불교, 자이나교 및 일부 브라만교 전통 등 이제까지 우리가 주로 살펴본 종교적 조류에는 그와 같은 최고신이 설 자리가 없다. 실제로 업보윤회를 받아들이게 되면 그와 같은 믿음과 조화를 이루기는 쉽지가 않다. 업보에 대한 이해를 쉽게 하려고 최고신의 개념을 도입한 자들(가장 대표적으로 니야야와 바이셰시까 학파 사상가들)도 최고 지배자가 아닌 회계장부 관리자로서의 신을 받아들였다. 만약 그들의 신이 업보에 개입하게 된다면 신을 믿어야 할 정당성과 필요성 자체가 사라지게 되는 것이다.

하지만 인도에는 전능한 최고신을 믿는 사람들이 살고 있었으며, 그 수는 점점 더 중요해졌다. 그들은 몇 가지 문제들을 재고해야 했는데, 그들의 신이 까르마의 법칙에 수족이 묶여 있으면 안 되었기 때문이다. 오히려 그들의 신은 이 법칙 위에 있어야 했고, 그로부터 독립적이어야 했다.

인간의 삶에 있어 다양한 인적因的 요소들의 상대적 힘에 대한 비교는

『슈베따슈바따라 우빠니샤드』(1.1-3)에서 볼 수 있다.

> 최고 원리(Brahman)를 주창하는 사람들은 말한다.
> 무엇이 최고 원리의 원인인가? 우리는 왜 태어났는가? 무엇으로
> 우리는 사는가? 우리는 무엇 위에 서 있는가? 누구의 지배를 받아
> 우리는 각자의 환경에서 즐거움과 괴로움 속에서 사는가?
> 그것을 시간, 고유의 본성, 필연성, 우연, 요소, 생의 근원, 혹은
> 뿌루샤(Puruṣa)로 간주해야 하는가? 아니면 그것은 이들의 조합인
> 가? 그러나 그럴 수 없는 것이 자아가 있기 때문이다. 자아조차도
> 〔완전히〕 지배적이지는 않다. 왜냐하면 그 자체가 즐거움이나
> 괴로움에 종속되기 때문이다.
> 명상수행자들은 자기 자신의 성품에 가리어진 신과 자아의 힘을
> 본다. 유일자만이 '시간'에서 '자아'에 이르는 그 모든 원인들을
> 통제한다.

이 문장은 산스끄리뜨 원본에서는 모호한데, 따라서 이 번역이
저자의 의도를 제대로 전달하는지는 분명하지 않다. 그러나 여기에는
많은 인적 요소들이 나열되어 있으며, 그것들을 신이라는 더 높은
하나의 실체에 종속시키고 있다는 것은 의심의 여지가 없다. 흥미롭게
도 이 목록에 까르마는 포함되어 있지 않지만 필연성(niyati)은 포함되
어 있다. 이 용어는 아지비까에서도 사용된 것인데, 아지비까의 엄격한
결정론은 까르마적 특성을 그 기반으로 하고 있었다. 『슈베따슈바따라
우빠니샤드』도 까르마를 신의 힘에 종속시킨다고 할 수 있다.

『마하바라따』는 '설계자(Dhātṛ)'라고 부르는 창조신에 대해 자주 언급한다. 이 설계자에 대해 다음과 같이 말한다. "까르마를 잘 아는 어떤 이들은 그를 '인간의 노력'이라고 부른다. 생류의 본성에 대해 숙고하는 다른 현인들은 그를 '운명'이라 부른다."(12.224.50) 즉 설계자인 신은 까르마와 운명의 배후에 있으며, 그들을 초월한다.

『바가바드기따』는 신을 향한 신애를 설파하는 초기 문헌 중 하나이다. 여기에서 신은 끄리슈나라는 인간의 형태를 취해 가르침을 편다. 끄리슈나는 빤두(Pāṇḍu)의 아들인 전사 아르주나(Arjuna)에게 설교하다가 어느 시점에 자신의 참모습을 드러낸다. 그리고는 인간의 모습으로 다시 돌아와 말한다.(11.53-55)

베다로도, 고행으로도, 공물이나 예배로도 그대가 본 그런 모습의 나를 볼 수는 없다.
그러나 아르주나여, 변함없는 신애로써 그런 모습의 나를 진정 알 수 있고, 볼 수 있으며, 또한 적을 태우는 이여, [안에] 들어갈 수 있다.
나를 위해 모든 행위를 하고, 나를 으뜸이라고 생각하고, 나에게 헌신하고, 집착이 없고, 모든 존재에 대한 적의가 없는 그러한 이는, 빤두의 아들이여, 나에게 온다.

신애가 가져다 줄 수 있는 가장 지고한 목표는 그것이 정확히 의미하는 바가 무엇이든 신에게 가는 것이다. 그 강조점이 해탈이라는 최고의 목표에서 신과의 동반으로 옮겨간다. 이는 『바가바드기따』의 두 게송

2.72와 8.5를 비교해 보면 알 수 있다. 앞의 게송은 특정 요가 상태에 관한 설명인데, 다음과 같다. "임종의 순간에도 그곳에 머무는 사람, 그는 브라흐마 니르바나(brahma-nirvāṇa)에 도달한다." 브라흐마 니르바나가 무엇을 의미하는지 명확하지는 않지만 그것이 해탈을 지칭하는 방법 중 하나라는 것은 의심의 여지가 없다.

뒤의 게송(8.5)은 요가 대신 신에 대한 헌신에 관해 언급한다. "임종 순간에 나만을 기억하면서 죽는 사람은 자신의 몸을 버릴 때 나와 함께하는 곳으로 갈 것이다. 이에 대해서는 의심의 여지가 없다." 이 두 게송 모두 임종 순간 정신 상태의 중요성을 강조한다. 그러나 첫 번째는 필요조건을 충족한 사람에게 해탈을 약속한 것인 반면, 두 번째는 신과 함께 하는 상태에 도달하는 것에 대해 말한다. 이러한 강조점의 변화(아마도 목표의 변화라고 해야 할 듯하다)는 남아시아 신애 종교의 전형이다. 이 과정이 더 이상 비인격적이거나 신의 의지와 상관없는 것으로 간주되지 않았음에도 불구하고 업보윤회사상은 포기되지 않았다. 실제로 자기가 속한 사회계급을 포함해 전체 까르마의 짐은 신에 대한 신애로 피할 수 있게 되었다. "나에게 귀의하는 자들은 -비록 죄를 가지고 태어나거나 여자, 바이샤(vaiśya) 또는 슈드라(śūdra) 일지라도- 최고의 목표에 이를 것이다."(9.32)

신애 관련 문헌에서 해탈에 대한 관심은 눈에 띄게 사라지는데, 후대의 신애 관련 문헌에서는 이런 모습이 더욱 현저하게 나타난다. 루빠 고스와미(Rūpa Gosvāmī)의 『박띠라사므리따 신두(Bhaktirasāmṛta-sindhu)』에서는 다음과 같이 말한다. "끄리슈나의 연꽃 같은 발을 섬기면서 자기 마음에 안식을 찾은 헌신적인 신자들은 해탈을 결코

바라지 않을 것이다." 어떤 이들은 심지어 신애가 해탈보다 더 높은 단계라고 주장한다. 감성적 형태의 신애를 주창하는 다른 저자들은 까르마의 복잡한 단면을 보여주기도 한다. 그들에게 있어 신(보통 끄리슈나의 형태임)은 만약 그가 원한다면 까르마를 제거해 주겠지만, 이런 행위는 신애로써 신에 가까워지려는 헌신적인 신도의 종교적인 노력에는 장애가 된다.

최종 논평

인도아대륙 밖에서의 전개

환생에 대한 믿음은 고대 그리스에서도 볼 수 있다. 헤로도토스
(Herodotus)는 이 믿음이 이집트에서 유래했다고 주장했지만 이는
명백한 착오이다. 이 믿음은 종종 피타고라스(Pythagoras)가 창시자인
것으로 여겨졌으며, 오르페우스교(Orphism)[1] 전통과도 관련이 있다.
플라톤은 영혼의 선재先在와 불멸不滅을 주장했으며, 아마도 환생을
믿었을 것이다. 후기 피타고라스 전통에서는 피타고라스가 인도의
지혜를 수용했다고 하지만 이는 보다 후대에 지어낸 이야기일 수
있다. 피타고라스는 붓다와 마하비라(기원전 5세기로 추정됨)보다 이전
인 기원전 6세기에 살았으며, 업보윤회사상이 그의 발원지인 대마가다
(Greater Magadha)를 넘어 인도 전역으로 전파된 시기보다 더 오래
전에 살았을 것이다.

인도의 업보윤회 개념은 서쪽으로 전파되었으며, 마니교는 주요
전파 수단 중 하나였다. 이 종교의 창시자 마니(Mani, 기원후 3세기)는
인도 서북부에서 한 시절을 보낸 것으로 알려져 있으며, 그의 종교는

---

1 고대 그리스의 밀의적密儀的 종교. 육체의 속박에서 벗어난 영혼의 해방을 목적으로
한다. 윤회를 믿었으며, 계율에 따른 엄격한 수행과 특별한 제의祭儀를 행하였다.
기원전 7세기 디오니소스 숭배에서 파생된 것으로 본다.

불교에서 차용한 특징을 가지고 있다. 이 개념은 마니교를 통해 유대교의 카발라(Kabbala),[2] (후대의 카타르[Cathar]파[3]를 포함한) 기독교의 그노시스파(Christian Gnosticism),[4] 시아(Shia)파의 이슬람교[5] 등에 어떤 형태로든 유입되었을 것이다.

업보윤회 개념이 인도 본토를 넘어 전파되는 데 가장 효과적인 방법은 브라만교와 불교가 확산할 때 그 일부가 되는 것이다. 브라만교는 특히 동남아시아로 전파되어 주로 사회정치 이데올로기로 간주되었으며, 대개는 쉬바신이나 비슈누신 숭배와 같은 종교적 요소를 동반했다. 업보윤회는 먼 이역에서 종종 신앙과 사상이 결합된 한 묶음으로 정착했다. 불교의 경우는 업보윤회와의 연관성이 훨씬 더 높아, 불교가 기반을 잡은 곳에는 어디든지 이 사상이 존재했다.

업보윤회사상은 브라만교와 불교가 소개된 많은 나라에서 완전히 새로운 것이었으며, 어떤 지역은 이를 받아들일 준비가 아직 되어 있지 않았다. 예를 들어 발리(Bali)에서는 브라만교와 불교의 영향이

2 중세 유대교의 신비주의. 히브리어로 전승傳承을 뜻한다.

3 중세 유럽 기독교 이단의 일파. 카타리(Cathari)파라고도 하는데, 청정淸淨파라는 의미이다. 극단적 금욕주의가 특징이다.

4 초기 기독교 시대의 신비주의적 사상. 영지주의靈智主義라고도 한다. 유대교, 동방의 종교, 기독교, 점성학 외에도 그리스·이집트·페르시아 등의 다양한 철학과 사상이 혼합되었다. 영혼의 선과 육체의 악이라는 극단적 이원론, 극단적 금욕주의, 초자연적 지식을 통한 구원 등을 특징으로 한다. 정통 기독교에서는 위험한 이단으로 본다. 마니교와 카타르파에 영향을 주었다.

5 이슬람교의 2대 교파 중 하나. 이슬람교의 창시자 무함마드의 사후에 그 후계자 선정 방식을 두고 분열하여 수니(Sunni)파와 시아파로 나뉜다. 무슬림의 대다수(90%)는 수니파에 속한다.

두드러지지만 업보사상은 빠져 있는 흥미로운 형태의 혼합 종교를 보게 된다. 어떤 곳에서는 이 사상을 거부하지 않았지만 은유적으로 해석하려는 경향이 나타났는데, 특히 스리랑카와 일본 등 현대 불교 국가의 특정 저자들에게서 볼 수 있는 모습이다.

이 모든 것은 무엇을 의미하는가?

일반적으로 업보윤회사상은 우주 구조의 일부로서 윤리를 전제한다고 말할 수 있다. 어떤 식으로든 이 사상을 받아들인 사람들은 선행은 보상받고 악행은 처벌될 것으로 확신한다. 이러한 확신에 신이 필요한 것은 아니지만, 브라만교 전통에서 어떤 이들은 소위 '회계사 신'이 업보를 감독하는 것으로 보았다. 최고신을 받아들이는 것이 때로는 반대 효과를 낳기도 하는데, 신이 업보의 과정을 해명하고 강조하기보다는 신에 헌신적인 사람들을 선호하여 지름길을 제공할 수도 있다는 것이다.

업보의 윤리적 측면에 대해서는 더 많은 고찰이 필요하다. 이 사상에 수반되는 도덕성이 항상 동일하지는 않다. 어쩌면 당연하게도 금욕적 성향의 신흥종교―특히 자이나교와 불교―는 금욕주의적 생활방식에 가까운 행위일수록 그것을 '선하다'고 보았을 것이다. 도둑질이나 성관계, 그 밖의 더 많은 것을 억제하면 내생에 좋은 결과가 생긴다고 믿어졌으며, 억제의 결여는 나쁜 결과를 보장하는 것이나 다름없었다. 브라만교 전통은 대개 도덕성과 관련해서는 덜 획일적이었다. 금욕주의적 이상을 보다 선호한 자들은 선과 악에 관해서는 자이나교도들이나 불교도들과 유사한 면이 있었다. 그러나 대부분의 브라만들은 업보사상을 무엇이 사회의 올바른 질서를 구성하는가에 대한 그들의 관점과 연결했다. 브라만적 사회 기준에 맞춰 모든 개인에게는 사회적으로 고정된 지위가 주어졌으며, 그에 부응하는 행동이 기대됐다. 이러한 관점에서 가장 바람직한 일은 각자의 삶 속에서 자기의 위치에 합당한 행위를 하는 것이다. 이는 브라만 집단 내에서는 좋은 내생을 얻을 수 있는 가장 의지할 만한 어쩌면 유일한 방법이었을 것이다.

이런 고찰은 업보사상이 우주를 지배하는 윤리적 질서를 함축한다는 우리의 앞선 관찰이 온당하더라도 보다 구체적인 접근이 필요하다는 것을 시사한다. 누구나 좋은 행위는 좋은 결과를 낳는다는 것에는 동의하지만 무엇이 좋은 행위인가에 대해서는 이견이 있을 수 있다. 삶 또는 사회의 이상적 유형에 관한 다양한 사상이 고려되어야 하는데, 그 차이는 극명할 수 있다. 『바가바드기따』에서 전사 아르주나는 그의 동족을 상대로 하는 전쟁은 좋은 결과를 낳는 '좋은 일'이라고 듣는다. 이는 분명 브라만교적 관점으로서 동시대의 불교도들은 이에 동의하지 않을 것이며, 아르주나를 호전적 성격 때문에 좋은 내생의 기회를 잃어버린 살인자로 볼 수도 있다. 달리 말하면, 업보사상이 윤리적 질서를 함축한다는 것이다. 그런데 도대체 어떤 윤리적 질서를 말하는가? 이 질문에 대한 답은 질문하는 대상에 따라 달라질 수 있으며, 인도에는 서로 다른 답을 줄 다양한 견해를 대표하는 이들이 존재한다.

업보윤회사상을 바라보는 또 다른 방법이 있다. 윤리에 대한 질문을 통해 근본적인 관심을 표명하는 것이 아닌, 인간 행동의 특정 유형을 이해하게 하는 방법이다. 이를 이해하려면 이 책의 전반부에서 살펴본 것을 상기할 필요가 있다. 우리는 인도에서 업보윤회사상이 초반에는 문제를 야기한다고 간주되었음을 확인했다. 당시의 종교적 조류와 관행은 내생을 기대하기 보다는 오히려 그것을 끝내는 방법을 개발했다. 이런 방법 중의 하나가 부동의 고행이고, 다른 하나는 인간의 내적 자아는 결코 활동하지 않으며 따라서 업보에 의해 영향 받지 않는다는 깨달음이다. 이들 해결책은 이전에 지적했듯이 (한 짝의) 장갑처럼 문제에 꼭 들어맞는다.

정확히 동일한 두 개의 '장갑'이 초기 기독교에도 있었지만 그것은 인간을 업보윤회로부터 자유롭게 해주는 그런 해결책이 아니었다.

로마제국 시절 기독교인들에 대한 박해가 끝나자 많은 기독교인들이 자발적으로 금욕주의(고행주의)로 돌아섰다. 이 기독교인들이 행한 금욕주의적 수행에 대한 수많은 기록들이 남아 있는데, 공통된 주제를 공유하고 있다. 이 수행의 핵심은 행위를 멈추는 것이었다. 기둥과 같이 서 있는 성자들이나 최대한 움직이지 않으면서 엄청난 육체적 고통을 마주해야 했던 수행자들을 떠올릴 필요는 없다. 이미 살펴보았듯이 이런 형태의 금욕주의는 몇몇 기독교인들이 열정적으로 갈망했다는 점에서, 그리고 불가피하게 다르긴 하지만 후대의 금욕주의처럼 압박에 굴하지 않고 육체적 고문에 직면했다는 점에서 초기 기독교 박해의 연장선에 있다고 할 수 있다.

한편 인간 자아의 비활동적 본성을 믿었던 다른 초기 기독교인들도 있었다. 이 기독교인들은 흔히 그노시스파(영지주의자)로 알려져 있으며, 인간의 내적 핵심이 '신의 불꽃'이라 믿었다. 더 나아가 그들은 신이 완전히 비활동적이라고 믿었다. 인간 심층의 내면적 본성이 신의 불꽃이라는—따라서 비활동적이라는— 지식은 이들 기독교인들의 신앙에서 매우 중요한 부분이다.

초기 기독교에서 부동화의 실천과 인간의 내적 자아의 비활동적 본성에 대한 믿음은 각기 다른 하위 그룹에 속해 있었다. 기독교 금욕주의자와 기독교 영지주의자는 서로 좋아하지 않았으며, 전혀 다른 길을 걸었다. 그럼에도 그들은 자신의 참모습이 자신의 몸과 다르다는 숨겨진 속내를 공유하는 것 같다. 이는 금욕주의자가 때로는 극적인 방법으로 자기 몸을 포기하고, 영지주의자가 자기의 독특한 신념을 고수하는 것을 가능하게 해준다.

그리하여 고대 인도와 초기 기독교 모두에서 우리는 실천과 믿음의 조합, 즉 고행(금욕)주의적 부동화의 실천과 내적 자아의 비활동적 본성에 대한 믿음이라는 동일하거나 매우 유사한 조합을 보게 되는 놀라운 상황에 직면하게 된다. 두 경우 모두 실천하는 자와 믿음을 지닌 자가 다른 개인일 수 있다(초기 기독교의 경우는 분명히 그렇다). 그러나 주요한 차이점이 하나 있다. 인도에서의 이 실천과 이 믿음은 업보윤회라고 하는 보다 포괄적인 체계 안에 자리를 잡고 있다는 것이다. 이 체계는 왜 고행주의자들이 이런 특정 방식으로 수행했는지 그리고 왜 이 특정 믿음이 인기가 있었는지를 설명해 주는 데 큰 도움이 된다. 초기 기독교는 그와 같은 체계가 없었다. 실천과 믿음 둘 사이에 분명하고도 필연적인 연결고리가 없었던 그저 역사적 우연일 뿐이다.

이 실천과 이 믿음은 그것이 어디에서 생기든 "자신은 자신의 몸과 다르다"라는 진술로 요약될 수 있는 드러나지 않는 신념이 그 배후에 깔려 있다는 인상을 준다. (어쩌면 당사자들이 모르는) 그런 숨은 신념이 있다는 가정은 개인의 활동에 아무런 연관이 없는 자유로운 영혼에 대한 믿음에서 고통스러운 입문식에 이르기까지 모든 대륙에서 발견되는 다양한 실천과 믿음을 이해하는 데 매우 유용할 것이다. 그리고 그 모두는 그런 숨은 신념이 우리의 내재된 성향의 결과일 수 있다는 생각에 힘을 실어준다.

　이제 인도의 업보윤회라는 사상체계를 돌이켜볼 때, 그동안의 우리의 성찰은 부동의 고행과 비활동적 자아에 대한 믿음을 그 체계의 결과로 설명하는 것이 최종적으로는 오류가 될 수 있다고 시사한다. 그 반대의 해석도 동일하게 가능하며, 어쩌면 가능성이 더 높다고 할 수 있다. 즉, 이 업보윤회라는 체계가 부동의 고행을 실천하고 비활동적 자아에 대해 믿는 우리 본연의 성향을 해석하려고 시도한 결과라는 것이다. 그렇다면 인도의 업보윤회에 대한 연구는 인도문화에 대해서만 말하는 것이 아니라 우리 인간 본성에 대해서도 무언가를 말하고 있다고 해야 할 것이다.

추가 자료

머리말에서 다루었던 번역과 관련된 어려움에 관한 논의는 로렌스 베누티(Lawrence Venuti)의 *The Translator's Invisibility: A History of Translation*(보이지 않는 번역가-번역의 역사)(second edition, New York: Routledge, 2008)을 보라. 까르마에 관한 현대의 사변적 견해에 대한 경고는 피터 개프케(Peter Gaeffke)의 "Karma in North Indian Bhakti Traditions(북인도 박띠 전통에서의 까르마)", *Journal of the American Oriental Society* 105:2(1985), p.273에 나온다.

업보윤회사상에는 인도의 종교·철학 사상의 여러 측면이 포함되어 있다. 그 결과 이 사상의 특정 측면에 관한 출판물은 많지만 현상 일반에 관한 것은 별로 없다. 드문 예외 중 하나가 비판적으로 읽어야 하지만 풍부한 정보를 제공하는 유브라즈 크리샨(Yuvraj Krishan)의 *The Doctrine of Karma: Its Origin and Development in Brahmanical, Buddhist and Jaina Traditions*(까르마 이론-브라만교, 불교 그리고 자이나교 전통에서의 그 연원과 발달)(Delhi: Motilal Banarsidass, 1997)이다.

업보윤회사상의 기원과 베다 종교와의 관계에 관해서는 많은 논란이 있어 왔다. 대체로 두 진영이 있는데, 하나는 이 사상이 베다 종교 안에서 그리고 그로부터 발생했다고 하는 것이고, 다른 하나는 어딘가에서 기원했다가 나중에 베다 종교에 영향을 주었다고 하는 것이다. 필자의 책 *Greater Magadha: Studies in the Culture of Early*

India(대마가다-초기 인도문화에 대한 연구)(Leiden: Brill, 2007)는 두 번째 입장을 주장하는데, 이 책의 앞 장들에서 보여준 입장이기도 하다. 첫 번째 입장을 대표하는 작품은 허맨 W. 털(Herman W. Tull) 의 *The Vedic Origins of Karma: Cosmos as Man in Ancient Indian Myth and Ritual*(까르마의 베다 기원-고대 인도의 신화와 제사에서 사람 으로서의 우주)(State University of New York Press, 1989)이다. 불교의 특수한 입장과 그것이 업보윤회사상에 가한 독특한 전환에 관해서는 필자의 *Buddhist Teaching in India*(인도에서 불교의 가르침)(Boston: Wisdom, 2009)에 설명되어 있다. 붓다의 길을 제시하는 반복된 경전 문장을 면밀히 검토한 결과는 필자의 *Absorption: Two Studies of Human Nature*(삼매-인간의 본성에 대한 두 가지 연구)(part 2; Lausanne, 2009)에서 볼 수 있다.

종교생활에서 까르마의 역할은 웬디 도니거 오플래허티(Wendy Doniger O'Flaherty)가 편집한 *Karma and Rebirth in Classical Indian Traditions*(고전 인도 전통에서 까르마와 재생)(University of California Press, 1980)에서 주목을 받는 주제다.

이 책에는 다양한 학자들이 힌두교, 불교 및 자이나교의 업보윤회에 대해 작성한 12기고문이 실려 있다. 비슷하지만 더 최신의 인도 안팎의 전개에 초점을 맞춘 책은 18명의 다른 저자가 기고하고 로날드 W. 뉴펠트(Ronald W. Neufeldt)가 편집한 *Karma and Rebirth: Post Classical Developments*(까르마와 재생-고전기 이후의 전개)(State University of New York Press, 1983)이다.

인도철학자들이 까르마를 다루는 방식에 관한 개요는 빌헬 할파스

(Wilhelm Halbfass)의 *Karma und Wiedergeburt im indischen Denken* (인도사상에서 까르마와 재생)(Kreuzlingen-Munich: Hugendubel, 2000)에서 볼 수 있다. 이 책은 아직 영어로 번역되지 않았는데, 안타깝게도 이 책에 견줄 만한 범위를 갖는 영서는 아직 없다. 자이나교에서 형성된 까르마 사상에 관해 광범위하게 설명하며, 대부분의 자이나교 관련 학술 발표에서 주목을 받은 것으로는 파드마납 S. 자이니(Padmanabh S. Jaini)의 *The Jaina Path of Purification*(자이나교에서의 정화의 길)(Delhi: Motilal Banarsidass, 1979, 특히 pp.111-133) 외에도 폴 둔다스(Paul Dundas)의 *The Jains*(자이나교도들)(제2판, London and New York: Routledge, 2002, 특히 pp.97-105), 발터 슈브링(Walther Schubring)의 *The Doctrine of the Jainas, Described after the Old Sources*(고대 자료에 기술된 자이나교 교리)(Delhi: Motilal Banarsidass, 2000, 특히 pp.172-195) 등이 있다. 추가로 W.J. 존슨(W.J. Johnson)의 *Harmless Souls: Karmic Bondage and Religious Change in Early Jainism with Special Reference to Umasvati and Kundakunda*(무해한 영혼들-우마스바띠와 꾼다꾼다를 특별히 참조한 초기 자이나교에서의 까르마의 속박과 종교적 변화)(Delhi: Motilal Banarsidass, 1995)도 있다. 업보와 분명히 연결되어 있는 목적론적 요소를 이해하려는 인도철학자들의 고군분투는 필자의 *Karma and Teleology: A Problem and Its Solutions in Indian Philosophy*(까르마와 목적론-인도철학에서의 문제와 그 해결)(Tokyo: The International Institute for Buddhist Studies, 2000)에서 제시되며 분석되고 있다. 아지비까 분야에서는 까르마의 역할과 관련한 학문적 연구에 많은 진척이 있었음에도 불구하고 A.L. 바샴(A.L. Basham)의 *History and Doctrines of the Ājīvikas: A Vanished Indian Religion*(아지비까의 역사와 교리 − 사라진 인도종교)(재판, Delhi: Motilal Banarsidass, 1981)은 여전히 고전으로 남아 있다.

"공덕의 회향"에 대한 개관에는 특히 두 명의 저자가 언급되어야 한다. 미노루 하라(Minoru Hara, "Transfer of Merit in Hindu Literature and Religion(힌두 문헌과 종교에서 공덕의 회향)", *The Memoirs of the Toyo Bunko* 52(1994), pp.103-135)와 알브레히트 베즐러(Albrecht Wezler, "On the Gaining of Merit and the Incurring of Demerit through the Agency of Others, I: Deeds by Proxy(타자의 대리를 통한 공덕의 획득과 악덕의 발생 I: 대리인에 의한 행위)", *Lex et Litterae: Studies in Honour of Oscar Botto,* eds. Siegfried Lienhard and Irma Piovano (Alessandria: Ediziom dell'Orso, 1997, pp.567-589); 논문 뒤에 "공덕의 회향에 관한 작품과 논문 목록"이 길게 제공됨)이다. 까르마와 저주 사이의 불편한 관계에 관해서는 윌리엄 L. 스미스(William L. Smith)의 두 논문 "Explaining the Inexplicable: Uses of the Curse in Rāma Literature(설명할 수 없는 것에 대한 설명: 라마 문헌에서 저주의 쓰임)", *Kalyāṇamitrārāgaṇam: Essays in Honour of Nils Simonsson,* ed. Eivind Kahrs (Oxford University Press, 1986, pp.261-276)와 "Changing Bodies: The Mechanics of the Metamorphic Curse(변신: 변신 저주의 역학)," *Acta Orientalia* 56(1995), pp.125-143에 다루어져 있다. 운명으로서의 시간에 관한 연구는 야로슬라프 바실코프(Yaroslav Vassilkov)의 "Kālavāda (the doctrine of Cyclical Time) in the *Mahābhārata* and the concept of Heroic Didactics(마하바라따에서 깔라바다(순환적 시간에 대한 이론)와

영웅적 교훈의 개념)," *Composing a Tradition: Concepts, Techniques and Relationships, Proceedings of the First Dubrovnik International Conference on the Sanskrit Epics and Purānas*, edited by Mary Brockington and Peter Schreiner (Zagreb: Croatian Academy of Sciences and Arts 1999, pp.17-33)를 보라.

"최종 논평"에서는 필자의 논문 "Asceticism, Religion and Biological Evolution(금욕주의, 종교 그리고 생물학적 진화)", *Method and Theory in the Study of Religion* 13(2001), pp.374-418이 활용되었다.

다음은 이미 언급한 간행물 외에, 배경지식과 관련된 추가적인 정보를 제공한다.

오스카 폰 히뉘버(Oskar von Hinüber)의 *A Handbook of Pāli Literature*(빨리 문헌 안내서)(Berlin and New York: Walter de Gruyter, 1996)는 빨리어 불교경전에 관한 지금까지의 가장 완전하고도 신뢰할 만한 개요서이다. 같은 저자는 ("The Foundation of the Bhikkhunisaṃgha: A Contribution to the Earliest History of Buddhism(비구니 승가의 성립—불교 최초기 역사에서의 공헌)", *Annual Report of the International Research Institute for Advanced Buddhology at Soka University for the Academic Year* 2007 〔2008〕, pp.3-35) 붓다 재세 시 비구니〔승가〕가 없었다는 주장을 폈다. 하지메 나카무라(Hajime Nakamura)의 *Indian Buddhism: A Survey with Bibliographical Notes*(인도불교—참고문헌 관련 주석이 달린 조사)(Japan: KUFS Publication, 1980)는 아직 유용하며, 다른 언어 〔한문〕로 보존된 불교경전도 다루고 있다. 베다 문헌의 경우, 얀 곤다 (Jan Honda)의 *Vedic Literature*(베다 문헌)(Wiesbaden: Otto Harrassowitz, 1975)는 여전히 표준 참고 자료가 되고 있다.

셸든 폴록(Sheldon Pollock)의 *The Language of the Gods in the World of Men*(인간 세상에서의 신들의 언어)(University of California Press, 2006)은 브라만교의 변형 및 확산과 관련된 많은 정보를 제공한다. 단, 저자는 이들 데이터들을 이들 용어〔산스끄리뜨어〕로 분석하지는 않았다.

"인도철학에서 류類, 종種 및 보편普遍"에 관한 문제는 빈센트 엘칭어 (Vincent Eltschinger)의 *"Caste" et philosophie bouddhique*('카스트'와 불교철학)(Vienna: Vienna University, 2000)에서 탐구되고 기록되었다. 인도철학의 초기 역사에 관한 정보는 필자의 *Aux origines de la philosophie indienne*(인도철학의 기원)(Gollion, 2008)에서 찾아볼 수 있다. "옹기장이가 옹기를 만든다."와 같은 명제와 관련된 문제들은 서로 다른 철학 학파들이 공유하는 쟁점인데, 이를 다루는 그들의 방법들에 대한 전면적인 조사는 필자의 *Language and Reality: On an Episode in Indian Thought*(언어와 실재 - 인도사상에서의 한 에피소드에 관하여) (Leiden: Brill, 2011)에 제공되어 있다.

The Hindu World(힌두 세계)(ed. S. Mittal and G. Thursby; New York/ London: Routledge, 2004)에 실린 데이빗 N. 로렌젠(David N. Lorenzen) 이 쓴 *"Bhakti*(박띠)" 장은 박띠라는 현상에 관한 유용하고 접근 가능한 개요를 제공한다. 감성적 박띠의 남인도 기원에 관해서는 프리뎀 하디(Friedhelm Hardy)의 *Viraha-Bhakti: The Early History of Kṛṣṇa Devotion in South India*(비라하 박띠 - 남인도 끄리슈나 숭배의 초기 역 사)(Oxford University Press, 1983)가 여전히 가치가 있다.

마지막으로 우빠니샤드 문장에 대한 번역 대부분은 패트릭 올리벨 (Patrick Olivelle)의 *The Early Upanisads*(초기 우빠니샤드)(Oxford University Press, 1998), 『마누법전』의 문장은 그의 *Manu's Code of Law*(마누의 법전)(Oxford University Press, 2005), 그리고 『마하바라따』의 문장은 (가능한 범위 안에서) J.A.B. 폰 벨테넨(J.A.B. van Buitenen)의 *The Mahabharata*(마하바라따), 3 vols.(University of Chicago Press, 1973-1978)에서 인용했음을 밝혀둔다. 불교경전의 문장에 대한 번역은 종종 모리스 월쉬(Maurice Walshe)의 *The Long Discourses of the Buddha*(붓다의 긴 담화), 빅쿠 냐나몰리(Bhikkhu Nanamoli)와 빅쿠 보디(Bhikkhu Bodhi)의 *The Middle Length Discourses of the Buddha* (붓다의 중간 길이 담화), 그리고 빅쿠 보디(Bhikkhu Bodhi)의 *The Connected Discourses of the Buddha*(붓다의 연계된 담화)(Boston: Wisdom Publications, 1987, 1995, 2000)에서 가져왔다. 바수반두의 『아비다르마꼬샤 브하샤』의 경우는 레오 M. 푸르덴(Leo M. Pruden)이 영역한 뿌상(Louis de La Vallée Poussin)의 *Abhidharmakośabhāṣyam*(아비다르마꼬샤브하샴)이 쓰였다. 번역에는 구두점의 일관성을 위해 약간의 수정이 가해졌다.

찾아보기

【ㄱ】

가루다 뿌라나 179

간다르바 175~178

겁 51

결정론 51, 102, 165, 185

경전 41, 44, 59~62, 64, 65, 67, 69,
 70, 100, 117, 128, 129, 173, 176,
 198, 201, 203

고따마 48, 71, 162

공덕의 회향 154, 159, 160, 200

관념론 141

괴로움 45, 46, 48, 57~59, 62, 63,
 66, 69, 126~128, 144, 148, 160,
 165~167, 185

괴테 164

그노시스파 190, 193,

그리스〔인〕 76, 110, 113, 189

근본원질 119, 126, 135

기독교〔인〕 55, 82, 193, 194

까우쉬따끼 우빠니샤드 155

깔리다사 164

깔빠 51, 52

깨달음 69, 70, 116, 124, 159

꾼다꾼다 131, 199

꿈 142

끄리슈나 37, 100~102, 183, 186~188,
 202

끄샤뜨리야 71, 73, 86, 94, 95, 103

【ㄴ】

나가세나 113, 115

나타뿟따 47, 48

내속 122, 123

노력 127

논장 60, 107

니야야 184

니야야 수뜨라 144

【ㄷ】

다르마 107, 112

다윈 134

담마빠다 58

대마가다 39~42, 67, 68, 70, 189, 198

대승불교, 159

덕 112, 125, 127, 128, 143, 144, 146,
 148

데비바가바따 뿌라나 106, 170

독존 135

디감바라 43, 44, 129

디야나 65, 69, 70

【ㄹ】

라마 37, 183, 200

라마야나 37, 100

로까야따 82

류類 97, 202

리그베다 78

【ㅁ】

마가다 39, 40, 60, 61, 74

마가디 61

마누법전 95~97, 148, 157, 158, 203

마니교 189, 190

마다바 180

마우리아 40, 41, 74, 75

마하나마 47

마하비라 43, 44, 48, 128, 129, 189

만뜨라 78, 79

맛지마 니까야 47, 70, 174, 176

맛치야 뿌라나 167

메난드로스 113

명령 142, 145

명상 47, 65, 69, 70, 118

목적론 106, 134~136, 199

목적인 134

몰입 65, 66

물질 62, 108, 122, 125, 131, 161

미망사 81, 137, 142

미세한 몸 125

밀린다 113

밀린다빤햐 113, 115

【ㅂ】

바가바따 뿌라나 163, 183

바나쁘라스타 91

바수반두 106, 116, 117, 140, 141,
    161, 175, 177, 203

바이샤 71, 86, 94, 95, 103, 187

바이셰시까 109, 119~124, 126~128,
    143, 147~149, 184

박띠 37, 101, 182~184, 197, 202

발리 190

베다 33, 36, 39, 40, 59, 74, 77~81,
    83, 85~92, 94, 142, 145, 154, 169,
    183, 186, 197, 198, 201

베단따 148

보살 159

보편 98, 99, 123, 202

부동의 고행 42, 46, 50, 52, 56, 57,
    61, 64, 66, 89, 91~93, 117, 193,
    195

부동화 42, 50, 68, 194

불교학문 60

불명예 158

불변 64

불이일원론 124, 133

브라흐마 뿌라나 153

브라흐마 수뜨라 133, 148

브라흐마 36, 37, 83, 85, 86, 146, 163,

178

브라흐마나 38

브라흐마짜린 91

브라흐만 36, 89, 124, 157

브리하다라냐까 우빠니샤드 80, 83,
 87, 88, 155, 177

비슛디막가 117, 175

비슈누 36, 37, 100, 102, 183, 190

빔샤띠까 141

빠니니 80

빠드마 뿌라나 161, 179

빠딴잘리 80

빠슈빠따 180

빨리〔어〕 60, 61, 65, 69, 201

뿌라나 103

뿌루샤 83, 85, 185

쁘라샤스따빠다 146, 147

쁘레따 178

【ㅅ】

사뜨까리야바다 136, 139

사띠 65

사마디 41

사선 69

사성제 57, 58

산냐신 92

살레카나 172

삼계 141

삼신 37

삼장 59, 61, 107

상윳따 니까야 58, 62, 71, 162

상키야 까리까 135

상키야 93, 117~120, 125, 126, 135,
 136, 139, 149

샤꾼딸라 164

샤바라 81, 142, 143

샹까라 125, 133, 148, 149

설일체유부 107~110, 121, 122, 136,
 140

성스러운 진리 57, 58

속성 119~124, 126~128, 143~145, 148

속죄 103, 168~170

숙명론 51, 53

쉬바 36, 37, 158, 180, 183, 190

슈드라 71, 95, 103, 187

슈랏다 154, 178

슈베땀바라 43, 44, 128

스리랑카 60, 61, 107, 177, 191

스므리띠 65

스베따슈바따라 우빠니샤드 80, 148,
 163, 185

신 36, 178, 180~188, 191, 193, 194,
 202

신비적 동일화 89

신애 101, 182, 184, 186~188

심리〔학〕적 58, 61, 64~66, 126, 128,
 141~144, 146

【ㅇ】

아드바이따〔베단따〕 124, 125, 133

아뜨만 55

아르주나 100~102, 186, 192

아비다르마 60, 107

아비다르마꼬샤 브하샤 106, 116, 141, 161, 175, 179, 203

아비다르마불교 107, 116, 140, 175

아쇼까 40, 49

아쉬라마 91, 92

아유르베다 41

아이따레야 브라흐마나 80, 90

아지비까 49, 200

아짜랑가 수뜨라 43~45

악덕 125, 127, 128, 143, 144, 157, 158, 200

알렉산더 110

알바르 183

알비루니 79, 82

연기 70, 112

영원 64

영지주의 55, 193, 194

영혼 46, 55, 111, 129~131, 154, 160, 178, 189, 195, 199

오온 62, 68

오취온 58,

요가 93, 117, 118, 183, 187

요가 수뜨라 183

요기 93

욕망 127, 128

우빠니샤드 78, 80, 84, 203

운명 51~53, 132, 163~167, 178, 186, 200

운명론 165, 167

웃따라디야야나 44, 46, 173

원자〔론적〕 108, 122

유식이십론 141

윤리 191, 192

윤리적 34, 54, 105, 133, 165, 191, 192

이전 157, 158, 161

이집트 189

인중유과론 136, 139

일본 191

【ㅈ】

자나 65, 69, 70

자띠 97

자라뜨까루 90

자얀따 밧따 147

자유 51, 54, 88, 165

잠재인상 127

저주 163~165, 167, 200

전지〔함〕 130, 149

전지적 성자 48

조물주 36

존재론 57, 99, 108, 121, 122

종 96, 97, 99, 202

중간 존재 175~179
중국 61
중음신 175
즐거움 48, 58, 63, 69, 126~128, 144,
  160, 165, 173, 174, 185
지성 126
짜라까 상히따 167, 168
짜르바까 82, 133, 137, 163
짠달라 73

【ㅊ】
찬도기야 우빠니샤드 80, 85, 94
찰나〔적〕 108, 111, 112
창조신 37, 95, 146, 186
창조자 132, 149
천상 72, 73, 84, 117, 142, 143, 154,
  159, 160, 174
최고 원리, 124, 185
최고신 37, 100, 132, 147, 182, 184,
  191
출가자 92

【ㅋ】
카발라 190
코스모폴리스 75

【ㅌ】
테라바다 108, 175, 177

【ㅍ】
팔정도 58
플라톤 189
피타고라스 189
필연성 185

【ㅎ】
헌신〔적〕 37, 182~184, 187, 188, 191
헬레니즘 110
혐오 127, 128
화신 37, 100, 102, 183
환생 178, 189
회향 158, 159
희생제 74, 75, 78, 83, 90
힌두교〔도〕 37, 41, 82, 100, 102

지은이 **요하네스 브롱코스트**(Johannes Bronkhorst)

1946년 네덜란드에서 태어났으며, 암스테르담의 프레이대학교에서 물리학과 수학을 공부하다가 인도의 라자스탄대학교와 푸네대학교에서 산스끄리뜨, 빨리 문법을 시작으로 인도학 연구에 입문했다. 스위스 로잔대학교에서 산스끄리뜨어 및 인도학 교수를 역임했으며, 현재 로잔대학교 명예교수이다. 그는 산스끄리뜨 문법학, 언어철학, 인도철학, 베다학, 불교, 자이나교 등 인도학과 관련하여 괄목할 만한 연구 성과를 냈다. 대표적 저서로는 *Greater Magadha*(2007), *Buddhist Teaching in India*(2009), *Language and Reality*(2011), *Buddhism in the Shadow of Brahmanism*(2011), *How the Brahmins Won*(2016), *A Śabda Reader: Language in Classical Indian Thought*(2019) 등이 있다.

옮긴이 **최경아**

인도 푸네(Pune)대학교에서 철학박사(인도철학·인도불교학 전공)를 받았다. 경상대학교 인문학연구소 연구원을 역임했으며, 현재 동국대학교 다르마칼리지 강사로 있다.

대원불교 학술총서 **20** **까르마**

초판 1쇄 인쇄 2024년 10월 30일 | 초판 1쇄 발행 2024년 11월 7일
지은이 요하네스 브롱코스트 | 옮긴이 최경아 | 펴낸이 김시열
펴낸곳 도서출판 운주사

(02832) 서울시 성북구 동소문로 67-1 성심빌딩 3층
전화 (02) 926-8361 | 팩스 0505-115-8361

ISBN 978-89-5746-854-8 93220 값 15,000원
http://cafe.daum.net/unjubooks 〈다음카페: 도서출판 운주사〉